Ralf Heselhaus
Taggeckos
Phelsumen

Ralf Heselhaus

Taggeckos
Phelsumen

2., erweiterte Auflage

35 Farbfotos
7 Zeichnungen und Übersichtskarten

VERLAG
EUGEN
ULMER

Für Vera und Jan

Die Deutsche Bibliothek-CIP-Einheitsaufnahme

Heselhaus, Ralf:
Taggeckos: Phelsumen / Ralf Heselhaus. – 2., erw. Aufl. –
Stuttgart: Ulmer, 1994
    ISBN 3-8001-7244-5

© 1994 Eugen Ulmer GmbH & Co.
Wollgrasweg 41, 70599 Stuttgart (Hohenheim)
Printed in Germany
Einbandgestaltung: A. Krugmann, Freiberg a. N.
mit einem Foto (Phelsuma laticauda) von Ralf Heselhaus
Lektorat: Ulrich Commerell
Herstellung: Steffen Meier
Satz: Satzstudio Späth GmbH, Birenbach
Druck und Bindung: Pustet, Regensburg

Vorwort zur 2. Auflage

Die Taggeckos der Gattung Phelsuma, die aufgrund ihrer Farbenpracht auch den herpetologischen Laien begeistern, leben mit etwa 60 Arten und Unterarten auf Madagaskar, den Maskarenen und den Seychellen. Sie zählen seit vielen Jahren zu den beliebtesten Terrarientieren, so daß es angemessen erscheint, ihnen einen eigenen Band zu widmen.

Nachdem die erste Auflage der Taggeckos für längere Zeit vergriffen war, freue ich mich, mit diesem Band eine erweiterte und verbesserte 2. Auflage vorlegen zu können. Mein Dank gilt dem Verlag Eugen Ulmer und seinen Mitarbeitern für die wie immer vertrauensvolle Zusammenarbeit bei der Erstellung dieses Werkes.

Das Interesse an den außergewöhnlich farbenprächtigen, tagaktiven Phelsumen hat weiter zugenommen, obwohl die zwischenzeitlich in Kraft getretenen Artenschutzgesetze den Erwerb und die Haltung der Taggeckos erschwert haben. Leider hat die Bundesartenschutzverordnung die Bemühungen engagierter Terrarianer um den Erhalt seltener Arten durch Nachzucht nicht gebührend honoriert. So sehe ich es auch als Aufgabe dieses Buches an, skeptische Artenschützer davon zu überzeugen, daß die Haltung und Zucht von seltenen Tierarten und die Bemühungen um den Artenschutz sich nicht ausschließen, sondern zum gegenseitigen Vorteil ergänzen. Beim Studium der Taggeckos wird deutlich, wie groß die Nachzuchterfolge der Terrarianer und Amateurbiologen mittlerweile sind. Es gibt kaum eine Art der Taggeckos, die nicht im Terrarium vermehrt werden konnte. Besonders erfreulich sind die kontinuierlichen Zuchten über viele Generationsfolgen hinweg.

Da eine größere Zahl von Terrarianern sich gleichzeitig um die Feldforschung in den natürlichen Verbreitungsgebieten der Taggeckos verdient gemacht hat, ist der Wissensstand um diese Tiere mittlerweile auf einem recht hohen Niveau. Hierfür danke ich stellvertretend für viele andere Herrn Harald Meier, Hamburg für seine Studien zur Verbreitung und Systematik der Arten und Herrn Gerhard Hallmann, Dortmund für seine unermüdliche Nachzuchtarbeit.

Im vorliegenden Buch sind die Taggeckos *Phelsuma* umfassend dargestellt. Die einleitenden Kapitel enthalten Wissenswertes über die Biologie und die Lebensweise der Phelsumen, darüber hinaus praktische Tips zur Terrarienhaltung.

Im Artenteil schließlich werden alle terraristisch bekannten Arten vorgestellt, wobei besonders ausführlich auf ihre Vermehrung im Terrarium eingegangen wird.

Allen, die mir bei der Bearbeitung der Taggeckos mit vielen wertvollen Hinweisen geholfen haben, möchte ich herzlich danken. Mein besonderer Dank gilt den Herren Harald Meier, Hamburg und Dr. Heinz Wermuth, Freiburg für die kritische Durchsicht des Manuskriptes und Herrn Matthias Schmidt für die Illustrationen in diesem Buch. Für die Erstellung der Artbeschreibung von *Phelsuma breviceps* und für wichtige Hinweise zur Verbreitungskartographie möchte ich schließlich Herrn Gerhard Hallmann, Dortmund meinen herzlichen Dank aussprechen.

Münster, im Frühjahr 1994

Ralf Heselhaus

Inhaltsverzeichnis

Vorwort 5

Taggeckos der Gattung Phelsuma – Systematik und Biologie 9

Kletterkünstler mit Haftzehen 11

Streitsüchtige Revierverteidiger 13

Vergesellschaftung von Taggeckos 15

Taggeckos und Artenschutz 16

Wo leben Phelsumen? 20
Beobachtungen auf den Seychellen 20

Phelsumen im Terrarium 29
Wo stelle ich das Terrarium auf? 29
Kaufen oder Bauen? 29
Terrariengröße und Terrarieneinrichtung 30

Futtertierzuchten 33

Hilfe bei Krankheiten 37

33 Phelsumenarten und -unterarten 40
Phelsuma abbotti abbotti, Aldabra-Taggecko 43
Phelsuma abbotti pulchra, Seychellen-Taggecko 44
Phelsuma andamensis, Andamanen-Taggecko 49
Phelsuma astriata astriata, Kleiner Seychellen-Taggecko 49
Phelsuma barbouri 51
Phelsuma borbonica borbonica 52
Phelsuma borbonica agalegae 53
Phelsuma breviceps, Kurzkopf-Taggecko 54
Phelsuma cepediana, Blauschwanz-Taggecko 58
Phelsuma dubia 60
Phelsuma flavigularis, Gelbkehl-Taggecko 60
Phelsuma guimbeaui, Guimbeaus Taggecko 61
Phelsuma guttata 63

Phelsuma klemmeri   63
Phelsuma laticauda, Goldstaub-Taggecko   65
Phelsuma leiogaster   67
Phelsuma lineata lineata, Streifen-Taggecko   67
Phelsuma lineata chloroscelis   68
Phelsuma madagascariensis madagascariensis, Madagaskar-Taggecko   69
Phelsuma madagascariensis boehmei   70
Phelsuma madagascariensis grandis, Großer Madagaskar-Taggecko   71
Phelsuma madagascariensis kochi   76
Phelsuma mutabilis   76
Phelsuma ornata ornata   77
Phelsuma pusilla   78
Phelsuma quadriocellata quadriocellata, Augenfleck-Taggecko   78
Phelsuma robertmertensi   79
Phelsuma seippi   80
Phelsuma serraticauda, Sägeschwanz-Taggecko   80
Phelsuma standingi   81
Phelsuma sundbergi sundbergi, Großer Seychellen-Taggecko   82
Phelsuma sundbergi ladiguensis, La Digue-Taggecko   85
Phelsuma v-nigra v-nigra   86

Literatur   88

Register   91

Taggeckos der Gattung Phelsuma – Systematik und Biologie

Geckos gehören systematisch betrachtet zunächst zu den Kriechtieren (Klasse Reptilia). Dort finden wir sie in der Ordnung Eigentliche Schuppenkriechtiere (Squamata). Innerhalb der Unterordnung Echsen (Sauria) werden sie zur Familie der Geckos (Gekkonidae) gezählt.

Es ist derzeit nicht einfach, die Systematik der umfangreichen Familie der Geckos (Gekkonidae) darzustellen. Nach der Bearbeitung durch WERMUTH (1965) sind viele neue Arten, Gattungen und sogar Unterfamilien neu beschrieben worden. Die Familie Gekkonidae enthält zur Zeit rund 800 Arten, die sich auf die vier Unterfamilien Lidgeckos (Eublepharinae), Doppelfingergeckos (Diplodactylinae), Eigentliche Geckos (Gekkoninae) und Kugelfingergeckos (Sphaerodactylinae) aufteilen. Die Eigentlichen Geckos stellen mit rund 600 Arten die mit Abstand größte Unterfamilie dar. Hier finden wir auch die Gattung der Taggeckos *(Phelsuma)* mit etwa 60 Arten und Unterarten.

Phelsumen sind in mehrerer Hinsicht bemerkenswerte Tiere. Zunächst fallen die ungemein hübschen, geradezu leuchtenden Farben dieser Taggeckos auf. Das ist um so erstaunlicher, als es sich bei den Angehörigen der Familie der Geckos in der Regel um eher unscheinbare, nachtaktive Tiere handelt. Bekanntes Beispiel für einen Gecko ist der Mauergecko *(Tarentola mauretanica)*, ein bräunlich bis grau gefärbtes, nachtaktives Tier, dem wir vielleicht bei einem Urlaub im Mittelmeerraum schon einmal begegnet sind. Die Phelsumen zeigen ihre Farbenpracht nun nicht, um die Terrarianer zu erfreuen. Tatsächlich dürfte ihre Färbung mit ihrer Tagaktivität zusammenhängen und mit ihrer Verbreitung in Lebensräumen, in denen Grün die dominierende Farbe darstellt. So ist ein grüner Gecko auf einem grünen Blatt einer Bananenstaude in der Natur nur schwer auszumachen.

Als weitere Besonderheit, die die Taggeckos allerdings mit ihrer nachtaktiven Verwandtschaft gemein haben, ist ihre Stimmfähigkeit zu nennen. Neben dem Fauchen der Krokodile und dem Piepsen der Schildkrötenmännchen sind die Geckos die einzigen Reptilien, die über eine Art Stimme verfügen. In ihren Ursprungsländern machen sich die Geckos durch verschiedenartige Laute bemerkbar, die von leisem Zirpen und Gurren bis zum Quaken und nervenzerrüttenden Bellen reichen. Ein „Stimmkünstler" unter den Geckos ist der Tokee *(Gekko gecko)*, der mit etwa 40 cm Länge zu den größten Geckos zählt. Seine bellenden Lautäußerungen, die wie To-ke oder Geck-o klingen, gaben der Familie ihren Namen.

Nicht vergessen dürfen wir bei der Aufzählung der Besonderheiten die blattförmig verbreiterten Füße der Geckos. An der Unterseite der Füße finden sich eine

Vielzahl von feinen Hautlamellen, die es den Geckos ermöglichen, sich an optisch völlig glatten Gegenständen festzuhalten. Sogar an Glasscheiben finden Geckos noch genügend „Unebenheiten" für ihre akrobatischen Kletterkünste.

Charakteristisch für tagaktive Geckos ist die große runde Pupille; schlitzartig verengte Pupillen weisen dagegen auf ein Nachttier hin. Über den Pupillen sind die Augenlider durchsichtig und miteinander verwachsen, so daß sie das Auge wie ein Brillenglas bedecken. Nur wenige Arten besitzen bewegliche Augenlider, die meisten benutzen zum Putzen ihrer „Brille" die recht lange Zunge.

In besonderem Maß besitzen auch Taggeckos die Eigenschaft vieler Echsen, ihren Schwanz abwerfen zu können, wenn ein Feind sie angreift. Der abgeworfene, wild hin und her zuckende Schwanz lenkt den Feind ab, während der Gecko zu entkommen trachtet. Das verlorene Schwanzstück wird regeneriert, und dieser Ersatz wirkt mitunter so gelungen, daß man schon sehr genau hinschauen muß, um ihn als Regenerat zu erkennen. In der Natur finden sich häufig Tiere mit regeneriertem Schwanz, die diesem wirkungsvollen „Trick" ihr Überleben verdanken.

Kletterkünstler mit Haftzehen

Vor mir huscht ein Taggecko den fast senkrechten Blattstiel einer Palme hinauf. Aus sicherem Versteck schaut er auf mich herunter. Ich fühle über das untere Ende des Blattstieles: Glatt, wie eine polierte Fläche, fühlt er sich an. Wie findet der Gecko an einem derart glatten Untergrund genügend Halt? Hier hilft dem Gecko eine im Tierreich einzigartige Vorrichtung: Seine Zehen sind blattförmig verbreitert und an der Unterseite mit Hautlamellen besetzt, die aus Millionen mikroskopisch kleiner, hakenförmiger Zellen bestehen. Mit diesen Hautlamellen greift der Gecko in die geringsten Unebenheiten des Untergrundes ein; selbst gewöhnliches Glas ist rauh genug, um der Geckopfote Halt zu bieten. Erst wenn das Glas völlig glatt geschliffen ist, versagt die Kletterkunst des Geckos. Eine andere Theorie erklärt das außergewöhnliche Haftvermögen damit, daß zwischen den Hautlamellen und der Unterlage elektrostatische Kräfte wirken, die eine Adhäsion (Anhaftung) der Geckopfote ermöglichen.

Ein Nachteil der hochspezialisierten Haftzehen scheint deren Empfindlichkeit zu sein. So sind Taggeckos stetig bemüht, ihre Haftzehen mit Hilfe ihrer Zunge sauber zu halten. Nach der Häutung werden die Zehen sorgfältig von Hautresten befreit. Wenn ein Taggecko mit seinen Füßchen in eine ölige oder fettige Substanz gerät, ist er für Stunden oder Tage „außer Gefecht" gesetzt: Seine Haftzehen versagen ihren Dienst, und das Tier ist nicht mehr in der Lage, an glatten Flächen hochzuklettern.

In der Natur halten sich Taggeckos am liebsten an glatten Pflanzen auf; sie bevorzugen als Lebensraum Kokospalmen und Bananenstauden, nur selten sieht man sie an knorrigen Ästen oder an Mauern. Für einen derartigen Untergrund scheint die Lamellenstruktur der Geckopfote auch wenig geeignet. Im Terrarium kann man gelegentlich beobachten, daß sich dem Gecko regelrecht die Zehen hochrollen, wenn er über einen rauhen Untergrund hinwegläuft.

Im Terrarium wird die Vorliebe der Taggeckos für glatte Flächen dadurch deutlich, daß sie häufig an den Glasscheiben sitzen. Da wir dann nur ihre weniger schöne Bauchseite zu sehen bekommen, müssen wir sie mit glatten Klettermöglichkeiten von der Sichtscheibe weglocken.

Zwei Beispiele für das Haftvermögen der Geckopfote, die ein wenig kurios anmuten, möchte ich noch erwähnen. Mitunter wird behauptet, daß sogar tote Geckos an einer senkrechten Glasscheibe hängenbleiben können, weil das Haftvermögen ohne eine Muskelsteuerung rein physikalisch ablaufe. Aus eigener Erfahrung kann ich diese Auffassung nicht bestätigen. KNAURS führt in seinem Tierreich einen Lausbubenstreich malayischer Jungen an, der wohl nicht ganz ernst gemeint ist: An einem langen Bindfaden sollen die Jungen einen großen Gecko auf die Köpfe von Passanten herunterlassen, um sodann den Gecko und den Hut des Passanten, an dem sich der Gecko festgeklammert hat, wieder hochzuziehen.

Streitsüchtige Revierverteidiger

Zwei Phelsumenmännchen *(Phelsuma abbotti pulchra)* sind miteinander in Streit geraten. Beide haben ihr Revier an einem der meterlangen Blattstiele einer Kokospalme. Zankapfel zwischen den Kontrahenten sind die Reviergrenzen: Eines der beiden Männchen ist in das Revier des anderen eingedrungen. Das bringt den Revierinhaber natürlich in Harnisch. Mit abgeflachtem Körper schiebt sich das revierbesitzende Männchen merkwürdig stelzbeinig auf seinen Gegner zu. Im Abstand von einem halben Meter verharrt es, stützt sich vom Blatt ab und wendet dem Eindringling die leuchtend gefärbte Oberseite zu. Drohend schlägt der Schwanz des Revierinhabers in langen Schwingungen hin und her. Der Eindringling nimmt die Herausforderung an und begibt sich ebenfalls in Turnierpose. Wie Turnierkämpfer stehen sich die beiden Geckos nun gegenüber. Durch das Breitseitdrohen versuchen sie, sich gegenseitig einzuschüchtern. Der Revierinhaber bewegt sich ein kurzes Stück auf den Eindringling zu. Diesen verläßt plötzlich der Mut, seine Farben verblassen und fluchtartig huscht er davon. Das siegreiche Männchen hat seinen Gegner in einem Distanzkampf bezwungen, ohne daß dabei „Blut" geflossen ist.

Derartige Kämpfe, sogenannte Kommentkämpfe, finden wir bei verschiedenen Reptilien. Es handelt sich um ritualisierte Kämpfe, die nicht darauf ausgerichtet sind, dem Gegner ernsthafte Verletzungen zuzufügen. Schließlich soll der Gegner nicht umgebracht werden; er soll lediglich aus dem eigenen Revier oder vom bevorzugten Paarungsplatz vertrieben werden.

Anders stellt sich die Situation im Terrarium dar. Hier hat das unterlegene Tier häufig nicht die Möglichkeit, dem dominanten Tier auszuweichen. Es lebt in ständiger Angst und zeigt Demutsgesten, wie flaches Andrücken an die Unterlage (Kleinmachen), und „verliert" seine Farben. Diese Gesten schützen das Tier aber nicht vor den Angriffen des siegreichen Männchens. Immer wieder verfolgt der Revierinhaber das unterlegene Tier. Und jetzt kommt es auch zu tätlichen Angriffen: Das Reviermännchen greift zu seinen „Waffen" und fügt dem Gegner Bißverletzungen zu. Diese sind in der Regel nicht tödlich, doch durch die ständigen Attacken verliert das unterlegene Tier auf die Dauer seinen Lebensmut. Schließlich ist es so „zermürbt", daß es die Nahrungsaufnahme einstellt und stirbt, wenn wir es nicht vorher aus dem Terrarium herausnehmen.

Für die Terrarienhaltung der Phelsumen empfiehlt sich deshalb eine paarweise Haltung, da die Männchen derselben Art untereinander unverträglich sind. In sehr großen Terrarien ist es mitunter möglich, mehrere verschiedene Arten einzeln oder paarweise zu halten. Die Männchen verschiedener Arten vertragen sich leidlich, wenn sie genügend Raum haben, um sich aus dem Weg zu gehen. Manche Arten, wie zum Beispiel der Goldstaub-Taggecko *(Phelsuma laticauda)* oder der Große Madagaskar-Taggecko *(Phelsuma madagascariensis grandis)* sind allerdings auch anderen Arten gegenüber so unverträglich, daß wir sie besser allein bzw. paarweise halten sollten. Letztlich ist die paarweise Haltung auch die beste Voraussetzung für die Nachzucht.

Die Vergesellschaftung mehrerer Weibchen mit einem Männchen ist im Grundsatz möglich. Allerdings wird sich auch hier ein Weibchen als das dominante Tier herausstellen. Nur dieses Weibchen wird leuchtend gefärbt sein und beim Männchen Paarungsaktivität auslösen. Für die übrigen Weibchen bleiben nur die Schattenseiten des Terrariendaseins.

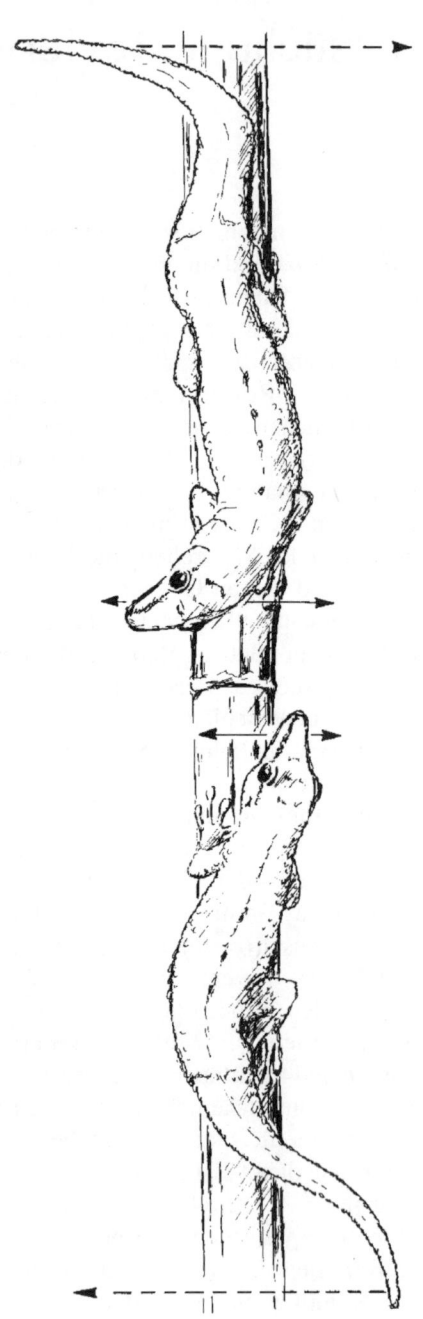

Revierverteidigung bei Phelsuma abbotti pulchra: Unter Seitwärtszucken des Kopfes und weitausholenden Schwanzschwingungen fechten zwei Männchen ihre Reviergrenzen aus.

Vergesellschaftung von Taggeckos

Wie wir im vorhergehenden Kapitel gesehen haben, sind Taggeckos untereinander recht unverträglich. Nun mag ein Großterrarium, das lediglich mit einem Paar Taggeckos besetzt ist, ein wenig leer erscheinen. Wenn auch Tips zur Vergesellschaftung von Terrarientieren immer ein heikles Thema sind, da das individuelle Verhalten eines Terrarientieres ganz anders ausfallen kann als es für die Art „üblich" ist, so will ich dennoch einige Terrarientiere nennen, die mir für die Pflege in einem Phelsumenterrarium geeignet erscheinen.

Bei der Vergesellschaftung müssen wir zunächst berücksichtigen, daß sich Phelsumen sehr „menschlich" verhalten: Sie teilen nicht gern. Wenn ein Geckopaar ein Terrarium als sein Revier betrachtet, so kann speziell das Männchen sehr „ungemütlich" werden, wenn wir in seine „Wohnung" neue Tiere einquartieren.

Mir war es zum Beispiel nicht möglich, mein Goldstaub-Taggeckomännchen dazu zu bewegen, sich gegenüber einem Paar des Indischen Hausgeckos *(Hemidactylus frenatus)* „gastfreundlich" zu verhalten. Dabei hatte ich mir diese Vergesellschaftung so schön vorgestellt: Mein Terrarium sollte quasi im Schichtwechsel von den tagaktiven Phelsumen und den nachtaktiven Hemidactylus belebt werden. Doch leider war mein Männchen des Goldstaub-Taggeckos nicht bereit, seinen Besitz für die Nacht den Hemidactylus zu überlassen. Um seinen alleinigen Besitzanspruch deutlich zu machen, stöberte es die Hausgeckos tagsüber in ihren Verstecken auf und biß ihnen am liebsten die Schwanzspitzen ab. Durch ein lautes Gequieke machten die Hausgeckos auf diese Mißhandlungen aufmerksam, so daß mir nichts anderes übrig blieb, als ihnen ein ruhigeres Terrarium zuzugestehen.

Günstiger gestaltet sich da schon ein Einsetzen von Terrarientieren aus anderen Familien. Wenn in einem großen Terrarium der Boden von tropischen Schildkröten bewohnt wird, so wird der Lebensraum der Geckos im oberen Terrarienbereich nicht eingeengt. Auch verschiedene tropische Skinke (z. B. Mabuya), die eher bodengebunden leben, sind als Mitbewohner geeignet. Ferner können Phelsumen mit Laubfröschen oder mit Kröten vergesellschaftet werden. Speziell kleinbleibende tropische Kröten, die mitunter recht hübsch sind, scheinen mir als Bewohner eines Phelsumenterrariums gut geeignet, da sie keine sehr hohe Luftfeuchtigkeit benötigen bzw. stark bodengebunden leben, wo es ohnehin feuchter ist. Ausschlaggebend für die Auswahl der Tiere sind letztendlich ihre Klimaansprüche, die sich mit denen der Phelsumen vertragen müssen.

Taggeckos und Artenschutz

Bei der Haltung von Phelsumen sind neben dem Washingtoner Artenschutzübereinkommen (WA), die EWG-Verordnung Nr. 3626/82, das Bundesnaturschutzgesetz und die Bundesartenschutzverordnung zu berücksichtigen.

Das WA regelt den internationalen Handel mit Phelsumen. Diese sind im Anhang II des WA aufgeführt. Für die Einfuhr nach Deutschland ist daher eine Einfuhrgenehmigung erforderlich, die nur erteilt wird, wenn eine Ausfuhrgenehmigung des Herkunftslandes vorliegt.

Aufgrund einer legalen Einfuhr wird eine CITES-Bescheinigung ausgestellt, die das Tier als eine Art Personalausweis zukünftig begleitet und im Fall einer Veräußerung zusammen mit dem Tier weitergereicht werden muß.

Zum 1. Januar 1987 traten in Deutschland weitere Artenschutzbestimmungen in Kraft: das Bundesnaturschutzgesetz und die Bundesartenschutzverordnung (BArtSchV). Zu beziehen sind diese Rechtsvorschriften beim Bundesanzeiger-Verlag GmbH, Südstraße 119, 53175 Bonn. Die BArtSchV erweiterte den Kreis der geschützten Arten beträchtlich. Darüberhinaus normierte sie die CITES-Bescheinigung für Nachzuchten, diverse Meldepflichten und ein Vermarktungsverbot für Nachzuchten.

Der Erwerb einer Phelsume ist daher unter Angabe der Nummer der CITES-Bescheinigung bei der zuständigen Behörde anzuzeigen. Darüberhinaus ist der Halter von Taggeckos verpflichtet, der Behörde innerhalb von vier Wochen Veränderungen in seinem Tierbestand anzuzeigen, zum Beispiel Nachzuchten oder den Tod von Tieren. Die zu kurze Meldepflicht führt allerdings häufig zu An- und Abmeldungen, da nicht alle Jungtiere erfolgreich aufgezogen werden können. Bei regelmäßigen Nachzuchten sollten daher mit dem zuständigen Sachbearbeiter zur Vermeidung unnützer Verwaltungstätigkeit vierteljährliche Meldungen vereinbart werden.

Von der nach der BArtSchV vorgesehenen Kennzeichnungspflicht von Fröschen und Echsen sind die zuständigen Behörden mittlerweile abgerückt, um nicht mit dem Tierschutzgesetz in Konflikt zu geraten. Ein langer behördlicher Arbeitstag ist aber auch so garantiert, da die Untere Naturschutzbehörde nicht nur für das An- und Abmelden der Tiere sowie für die CITES

Oben links: Phelsuma abbotti abbotti, Aldabra-Taggecko.
Oben rechts: Frisch geschlüpftes Jungtier von Phelsuma abbotti pulchra.
Mitte: Phelsuma a. astriata.
Unten: Phelsuma breviceps.
Nächste Seite: Jungtier von Phelsuma barbouri.

zuständig ist, sondern auch für Ausnahmegenehmigungen für den Verkauf von Nachzuchten. Leider hat die BArtSchV auch ein Vermarktungsverbot für Nachzuchten erlassen, von dem man sich bei der zuständigen Behörde befreien lassen kann, wenn Belange des Artenschutzes nicht entgegenstehen.

Wenn man sich einmal überlegt, daß der vorstehend beschriebene Verwaltungsaufwand sich bei Phelsumen zu schätzungsweise 90% auf Nachzuchten bezieht, kommen Zweifel auf, ob das sinnvoller Artenschutz sein kann. Denn die Vermehrung von Terrarientieren, die da so gewissenhaft kontrolliert und registriert wird, ist als Erhaltungszucht ein Beitrag zum Artenschutz. Wo in diesem Bereich eine Gefährdung für seltene Arten besteht, die es zu überwachen gilt, vermag ich nicht festzustellen.

Nach den Erfahrungen, die mir aus einer nun zwanzigjährigen Beschäftigung mit der Haltung und Zucht von Phelsumen vorliegen und nach den Erkenntnissen, die ich im natürlichen Lebensraum der Geckos sammeln konnte, bin ich der Auffassung, daß die BArtSchV für Phelsumen überflüssig ist. Sie war als Schutzbestimmung für die natürlichen Bestände von bedrohten Tierarten gedacht und hat sich zu einer ärgerlichen Verwaltung von Terrarientiernachzuchten entwickelt.

Die aufgrund der erfolgreichen Nachzuchten nur geringe Nachfrage nach Wildfängen von Taggeckos erreicht in keiner Weise einen Umfang, der eine Bedrohung für die natürlichen Bestände von Phelsumen darstellen könnte. Die meisten Phelsumen sind darüberhinaus eher häufig und haben sich in vielen Fällen zu Kulturfolgern entwickelt, die an Häusern und in Plantagen in großer Zahl vorkommen.

Schutzbestimmungen, die sich wie die BArtSchV als reine Handels- und Besitzverbote verstehen, entbehren damit nach meiner Meinung der sachlichen Notwendigkeit. Es bleibt zu hoffen, daß zukünftige Änderungen des Artenschutzrechtes überflüssige Verwaltungsvorschriften abbauen und den Schutz auf die wenigen seltenen Arten beschränken, die ihn aufgrund einer nur sehr kleinen lokalen Verbreitung vielleicht benötigen. Letztendlich wird aber nur ein konsequenter Schutz des Lebensraums seltene Arten retten können.

Wo leben Phelsumen?

Phelsumen leben in einer traumhaften Kulisse: Von seiner Palme aus schaut ein Taggecko auf eine idyllische Bucht, die von Korallenriffen geschützt nur sanfte Wellen gegen einen palmenbestandenen weißen Strand schickt.

Unser Gecko, hier zum Beispiel *Phelsuma abbotti pulchra* auf den Seychellen, genießt sein Leben bei gleichbleibender Wärme zwischen 20 und 35 °C das ganze Jahr über. Die kurzen tropischen Regenschauer sind meist nicht von Dauer, und die Nässe verdampft schnell in der Kraft der Äquatorsonne. Wenn die Monsunwinde auffrischen, kann es schon mal ein wenig stürmisch werden; diese Unbillen der Natur übersteht unser Gecko im sicheren Unterschlupf zwischen den Blattachseln der Palme.

Die meisten Phelsumenarten leben auf Madagaskar, den Maskarenen, den Komoren und den Seychellen. Eine isolierte östliche Verbreitung besitzt *Phelsuma andamanensis*, die auf den zu Indien gehörenden Andamaneninseln vorkommt.

Nur zwei Arten haben das afrikanische Festland erobert: *Phelsuma dubia* kommt auch im Küstenbereich von Tansania vor, und *Phelsuma ocellata* lebt endemisch im Namaqualand in Südafrika.

Insbesondere auf Madagaskar zeigt sich die Vielseitigkeit der von Phelsumen bewohnten Lebensräume. Wir finden die Taggeckos sowohl in den trockenen Gras- und Buschsteppen im Südwesten von Madagaskar, als auch in den tropisch-feuchten Regenwaldgebieten im Nordosten.

Verschiedene Arten leben endemisch auf kleinen Inseln. Ob es sich bei manchen Inselformen um eigenständige Arten handelt oder um Lokalformen benachbarter Arten, ist umstritten. Als Beispiel seien die Arten *P. longinsulae* ssp. von den Seychellen genannt, die je nach Auffassung als eigenständige Arten oder als Unterarten von *Phelsuma sundbergi* geführt werden. Eine Übersicht über die Verbreitung der verschiedenen Arten findet sich in den folgenden Karten.

Beobachtungen auf den Seychellen

Über einhundert kleine Granit- und Koralleninseln als eine Traumwelt inmitten des Indischen Ozeans, nur wenige Breitengrade südlich des Äquators: Die Seychellen. Grün bewachsene Inseln, umgeben von schützenden Korallenriffen, Wasser und Vegetation im Überfluß, weißer Strand und wiegende Palmen: Taggeckos leben in einer Südseeidylle.

Auf mehreren Reisen habe ich die Schönheit der Seychelleninseln Mahé, Praslin und La Digue und ihre Tierwelt bewundert. Die Hauptinsel Mahé mit der Hauptstadt Victoria ist eine gebirgige Granitinsel, die mit dem Morne Seychel-

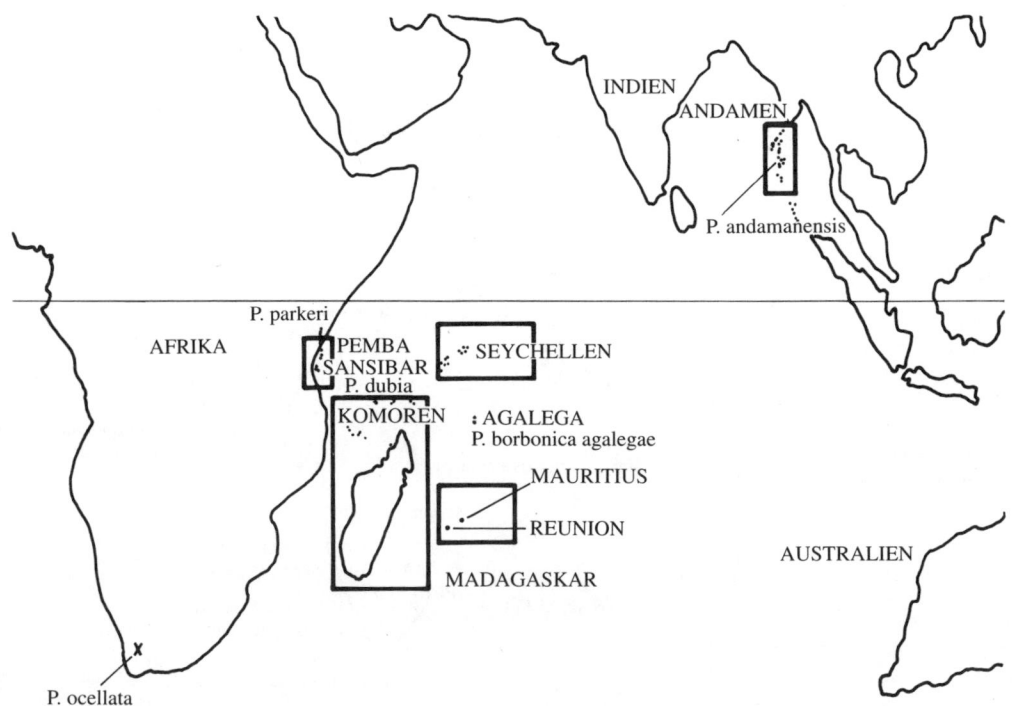

Verbreitungskarte der Gattung Phelsuma (verändert nach Hallmann).
Die umrandeten Bereiche (s. Zusatzkarten) zeigen die Verbreitungsgebiete an.

lois eine Höhe von 950 m erreicht. Trotz der geringen Größe von 148 km² und einer Länge von nur 28 km wirkt Mahé im Vergleich zu den umliegenden Satelliteninseln fast wie ein Kontinent.

Insbesondere für den Phelsumenfreund stellen die Seychellen ein Gelobtes Land dar. Drei Arten gibt es auf den Inseln, und wenn man *Phelsuma sundbergi ladiguensis* von der Insel La Digue als gute Art mitrechnet, sind es sogar vier.

Unsere erste Expedition auf der Suche nach Taggeckos führte uns in den Garten unseres Hotels. Dort stand eine eindrucksvolle Coco de Mer, eine für die Seychellen endemische Riesenpalme mit gewaltigen Früchten. Die Meereskokosnuß ist nicht nur wegen ihrer botanischen Besonderheiten erwähnenswert. Ihren Namen verliehen ihr in früherer Zeit Inder und Araber, die ihr einen ebenso mystischen wie unwahrscheinlichen Ursprung zuschrieben.

Sie fanden die Riesenkokosnuß, die mit 40 cm Länge und einem Gewicht bis zu 30 kg wahrhaft gewaltige Ausmaße erreicht,

Verbreitung der Phelsumen auf Madagaskar (Verbreitungskarte verändert nach Hallmann und Meier)

als Strandgut an ihren Küsten und sammelten sie mit Ehrfurcht auf, glaubten sie doch, daß die Früchte einem geheimnisvollen Unterwasserbaum entstammten. Nun, dem war nicht so, und als die tatsächliche Herkunft der „Meereskokosnuß" bekannt wurde, verlor sie schlagartig ihren mystischen Glanz – und damit auch ihren Wert.

Mehr als die Riesenpalme selbst interessierten uns jetzt aber ihre eventuellen „Untermieter". Und die waren zahlreich. Bei unserer Annäherung huschten vier oder fünf grüne Geckos von etwa 15 cm Länge die Palmwedel hinauf oder versteckten sich in den Blattschächten. Als wir ein wenig warteten, kamen die Tiere jedoch wieder hervor. Es waren *Phelsuma abbotti pulchra*, die uns immer noch ziemlich „skeptisch" entgegenblickten. *Phelsuma abbotti pulchra* ist mit einer Länge von 16 cm größer als die zweite auf Mahé lebende Art, *Phlesuma astriata astriata*. Die beiden Arten sehen sich aber ähnlich, so daß man sie auf den ersten Blick miteinander verwechseln kann.

Um die beiden Arten schon beim Anblick im natürlichen Biotop auseinanderhalten zu können, bemühten wir uns, sichtbare Merkmale herauszuarbeiten. *Phelsuma abbotti pulchra* zeigte immer intensiv gelbe Augenringe, stark gefleckte Beine, ein Rückenmuster aus meist drei zinnoberroten Zickzackstreifen und nie eine blaue Schwanzoberseite. Die Kehle ist häufig dunkel gefleckt. Die mit 12 cm deutlich kleinere *P. astriata astriata* wies dagegen nur schwach ausgeprägte oder gar keine gelben Augenringe auf, kaum gemusterte Beine, ein orange-rotes Fischgräten-

muster auf dem Rücken und häufig einen türkis- bis blaufarbenen Schwanz. Die Kehle wirkte hell und ohne Zeichnung.

An unserer Coco de Mer, die sich als ideales Beobachtungsgebiet erwies, lebten beide Arten offenbar friedlich nebeneinander. Eine räumliche Trennung ergab sich allerdings schon durch die unterschiedlichen Aufenthaltsplätze. Während die größeren *P. abbotti pulchra* den Wipfelbereich bevorzugten, lebten die *P. astriata* im unteren Stammbereich und an den faserigen Blattschächten.

Zwei Männchen von *P. abbotti pulchra* konnte ich beim Ausfechten der Reviergrenzen beobachten: Sie lebten beide an einem der mehrere Meter langen Blattstiele und beanspruchten jeweils einen Raum von 1,5 bis 2 m für sich. Mit Seitwärtsdrohen, Züngeln und ruckartigen Vorwärtsbewegungen imponierten beide Tiere gegeneinander, bis sich eines aus der kritischen Zone zurückzog.

Die Temperaturen im Lebensraum der Taggeckos lagen im Juli bei 22 bis 24 °C in der Nacht und um 30 °C tagsüber. Dabei ging meistens ein frischer Wind, der die Palmen im Küstenbereich derart „beutelte", daß wir dachten, die Phelsumen müßten herausfallen.

Die Geckos suchten vormittags die Sonne auf, nachmittags dagegen lebten sie überwiegend im Schatten. Fast tägliche Regenschauer sorgten für eine hohe Luftfeuchtigkeit, doch Wind und Sonne reduzierten sie auf ein auch für uns erträgliches Maß. Bei Streifzügen über die Insel stellten wir fest, daß die Taggeckos nur im Küstenbereich vorkommen; im gebirgigen Inselinnern trafen wir sie nicht an. Obwohl

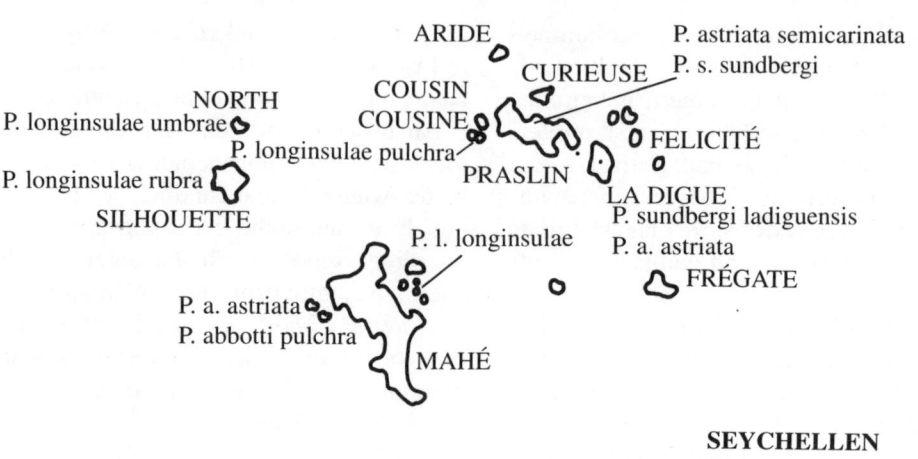

ARIDE
P. astriata semicarinata
P. s. sundbergi
CURIEUSE
COUSIN
NORTH
COUSINE
P. longinsulae umbrae
P. longinsulae pulchra
FELICITÉ
P. longinsulae rubra
PRASLIN
SILHOUETTE
LA DIGUE
P. sundbergi ladiguensis
P. a. astriata
P. l. longinsulae
FRÉGATE
P. a. astriata
P. abbotti pulchra
MAHÉ

SEYCHELLEN

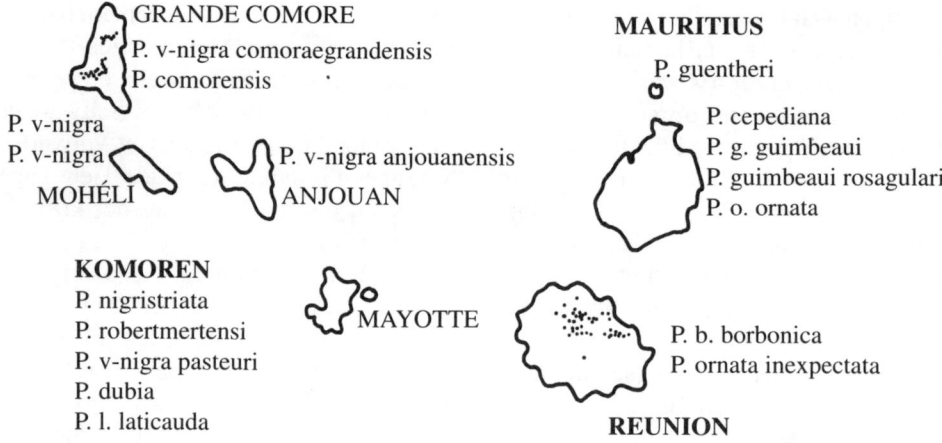

GRANDE COMORE
P. v-nigra comoraegrandensis
P. comorensis

MAURITIUS

P. guentheri

P. v-nigra
P. v-nigra
P. v-nigra anjouanensis
MOHÉLI
ANJOUAN

P. cepediana
P. g. guimbeaui
P. guimbeaui rosagularis
P. o. ornata

KOMOREN
P. nigristriata
P. robertmertensi
P. v-nigra pasteuri
P. dubia
P. l. laticauda

MAYOTTE

P. b. borbonica
P. ornata inexpectata

REUNION

Verbreitung der Phelsumen auf den Seychellen, den Komoren und den Maskarenen (Verbreitungskarte verändert nach Hallmann).

Anmerkung: Die Seychellenarten Phelsuma longinsulae ssp. werden von einigen Autoren nicht anerkannt. GARDNER (1984, 1985) ordnet sie als Lokalformen von Ph. sundbergi ein und vergibt den Unterartstatus Phelsuma sundbergi longinsulae.

sich die Populationen beider Arten stark vermischen, lassen sich doch bevorzugte Biotope erkennen. So lebt *P. astriata astriata* vornehmlich an kleinen Kokospalmen und an Bananenstauden, wo *P. abbotti pulchra* nur als Jungtier zu finden ist. Große Palmen und große Mangobäume werden dagegen fast ausschließlich von *P. abbotti pulchra* bewohnt.

Zur Häufigkeit der beiden Arten auf Mahé macht MEIER (1982) Angaben, die mit meinen Beobachtungen übereinstimmen. Er führt an, daß *P. abbotti pulchra* viel häufiger vorkommt als *P. astriata astriata*. Erstere seien auf etwa 100 m^2 häufig in reinen Beständen anzutreffen, letztere dagegen nur in Mischpopulationen mit *P. abbotti pulchra*. Meier, der beim Fällen von drei mittelgroßen Mangobäumen anwesend war, zählte je Baum 25, 22 und 17 *P. abbotti pulchra*, aber nur an einem der drei Bäume auch 5 *P. astriata astriata*. Diese Aufstellung mag als Anhaltspunkt dafür dienen, daß Phelsumen in ihren Lebensräumen eher häufig als selten anzutreffen sind.

Mitunter findet man Phelsumen auch an untypischen Aufenthaltsplätzen. Auf Mahé fand ich zum Beispiel eine *Phelsuma astriata astriata*, die an einer Wand im nach zwei Seiten offenen Hotelrestaurant lebte. Diese Phelsume stellte den Begriff „Taggecko" völlig auf den Kopf. Den Tag verbrachte sie hinter einem Bild an der Hotelwand, und erst gegen Abend, wenn das Bild von einer Lampe angestrahlt wurde, erschien ein ausgeschlafener „Taggecko" auf der Bildfläche, um es den Gästen gleichzutun, die zu Abend aßen. Jungtiere waren in allen Größen häufig

anzutreffen. Erstaunlicherweise dominierten hier *P. a. astriata*, die wir als ausgewachsene Tiere seltener zu Gesicht bekamen. Winzige Babygeckos von drei bis vier Zentimeter Länge turnten in kleinen Bananenstauden, in kleinen Kokospalmen oder auf Zweigen im Gebüsch. Wenn sie sich bedroht fühlten, rutschten sie wie die erwachsenen Tiere um die Staude oder die Blattstiele herum, um sich dem Blick des Betrachters zu entziehen. Manchmal verließen sie sich auch einfach auf ihre grüne Tarnfärbung und drückten sich fest an die Unterlage. Die Jungtiere haben es offenbar schwer, eine größere Palme oder Bananenstaude zu erobern. Nur wenn die Pflanzen frei von erwachsenen Geckos waren, sahen wir an ihnen Jungtiere.

An der schon erwähnten Coco de Mer fanden wir in etwa 1,5 m Höhe in einem abgeschnittenen, zersplissenen Blattstielstumpf einen Eiablageplatz, den offenbar mehrere Weibchen aufgesucht hatten: In einer senkrechten Spalte lagen säuberlich aufeinandergeschichtet acht oder zehn Eier. Am nächsten Tag konnten wir beobachten, wie ein Weibchen von *P. a. astriata* wieder zwei Eier in den Spalt legte. Da es sicher eine Vielzahl geeigneter Stellen für die Eiablage gibt, läßt sich die Eiansammlung wohl so erklären, daß die Weibchen bekannte und bewährte Plätze mehrmals aufsuchen.

Phelsuma sundbergi sundbergi, die mit gut 20 cm größte Art der Seychellen-Taggeckos, finden wir auf Praslin und Curieuse. Auf beiden Inseln teilt sich die große Phelsume den Lebensraum mit der kleinen *Phelsuma astriata*. Allerdings führt hier schon der Größenunterschied zwischen den beiden Arten zu unterschiedlichen Aufenthaltsplätzen: Dünnzweigiges Gebüsch oder kleine Palmen werden nur von *P. a. astriata* bewohnt. Auf La Digue, einer kleinen Nachbarinsel von Praslin, lebt eine Zwergform von *Phelsuma sundbergi sundbergi*. Sie ist mit etwa 15 cm deutlich kleiner als die Tiere von Praslin. Aufgrund dieses Größenunterschiedes und einiger anderer Merkmale werden die Tiere von La Digue mittlerweile als eigenständige Art *Phelsuma sundbergi ladiguensis* bezeichnet.

Oben: Phelsuma guimbeaui guimbeaui.
Unten: Männchen von Phelsuma cepediana.

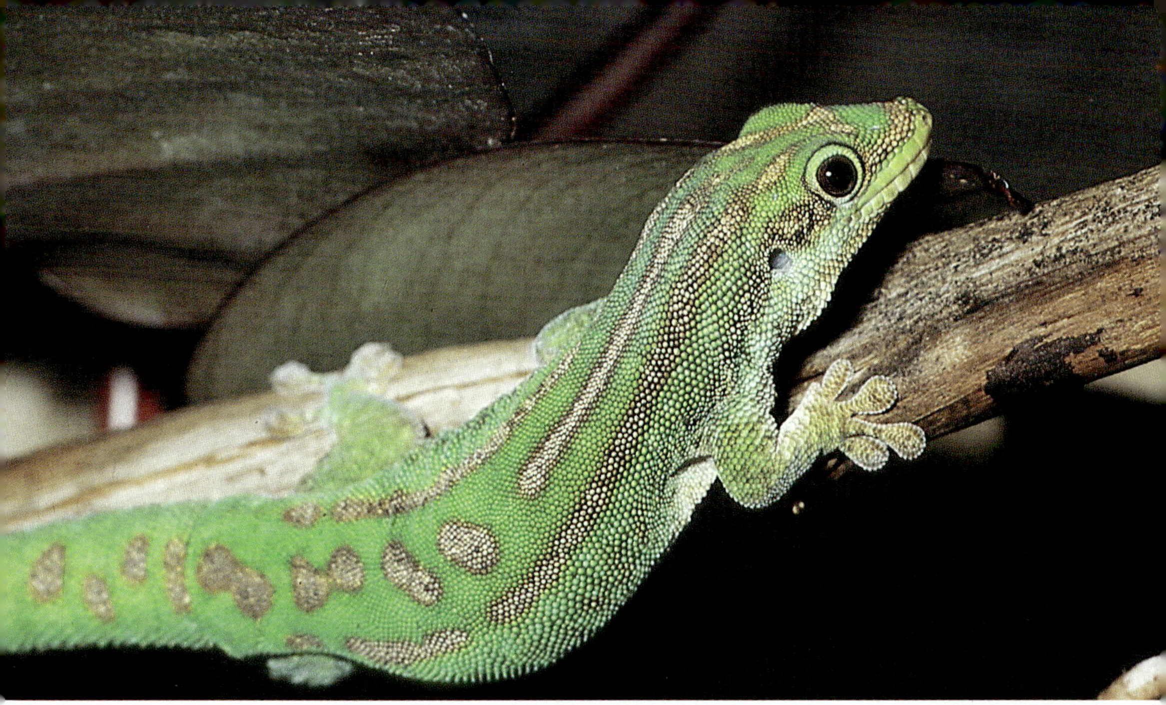

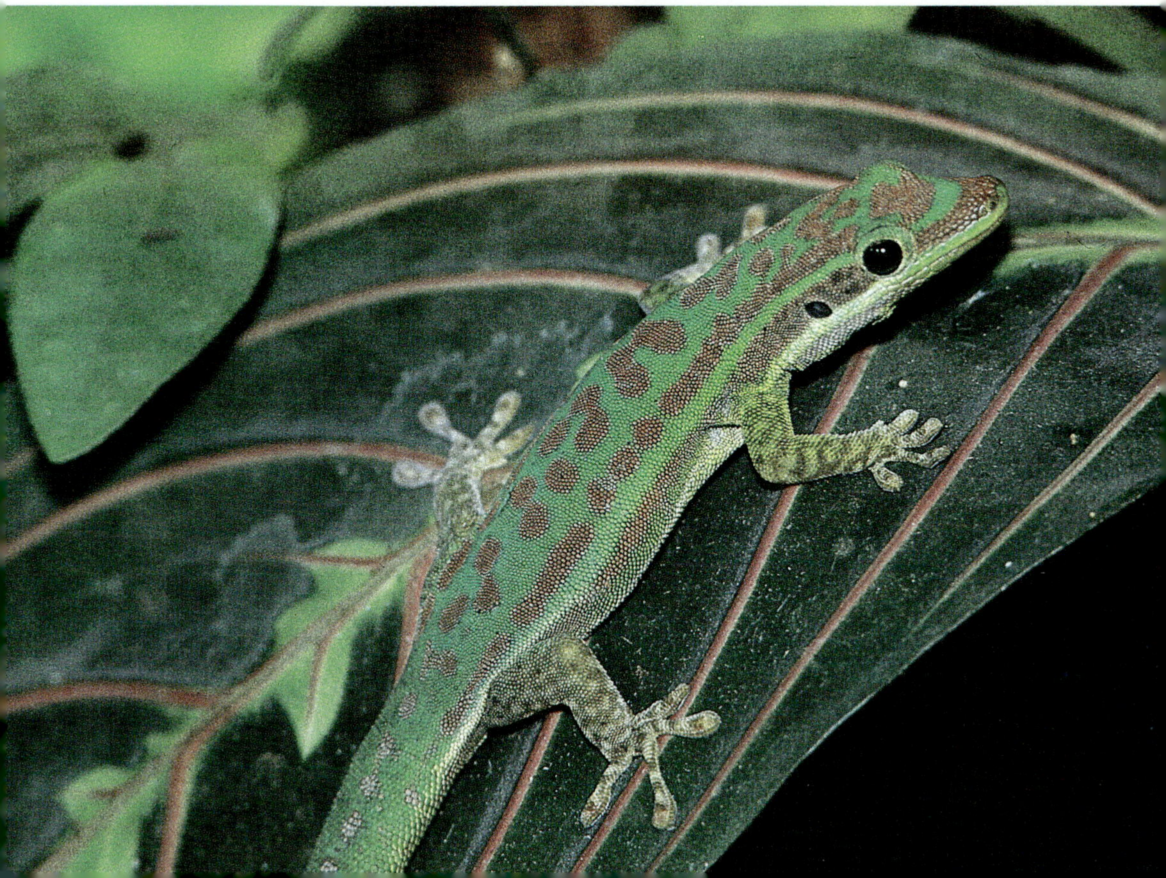

Phelsumen im Terrarium

Nachdem wir im vorhergehenden Kapitel erfahren haben, wie Taggeckos im natürlichen Lebensraum leben, sollten wir nun versuchen, ihnen auch im Terrarium einen angenehmen Ersatzlebensraum zu schaffen. Die meisten Taggecko-Arten sind ausdauernde Terrarientiere, wenn wir sie fachgerecht pflegen und auf ihre Bedürfnisse eingehen. Sie lohnen es uns mit prächtigen Farben, interessantem Verhalten und durch Nachzucht, die eine eindrucksvolle Bestätigung für das Einfühlungsvermögen des Tierpflegers darstellt.

Wo stelle ich das Terrarium auf ?

Bei der Auswahl des Terrariums ist neben den Ansprüchen der Geckos in bezug auf die Terrariengröße auch der spätere Standort des Terrariums zu berücksichtigen. Ein sonniger Platz am Wohnzimmerfenster ist im Zweifel ungeeignet, da sich durch kurzfristigen Sonneneinfall im Terrarium schnell gefährlich hohe Temperaturen ergeben können. Das Terrarium sollte deswegen so aufgestellt werden, daß es der Sonnenwärme nicht ausgesetzt ist. Neben den Wohnräumen eignen sich auch geheizte Kellerräume, sofern sie über Fenster verfügen, damit bei Bedarf gelüftet werden kann. Aufgrund der hochwertigen Beleuchtungskörper, die uns heutzutage zur Verfügung stehen, ist die Pflege von Taggeckos bei ausschließlicher Beleuchtung mit elektrisch erzeugtem Licht kein Problem.

Kaufen oder Bauen?

Erfreulicherweise hat sich das Angebot an käuflichen Terrarien in den letzten Jahren deutlich erweitert. Neben dem Angebot im Zoohandel gibt es die Möglichkeit, sich Terrarien in individueller Größe anfertigen zu lassen. Diesbezügliche Inserate finden sich regelmäßig in den Aquarien- und Terrarienzeitschriften.

Über den Bau von silikongeklebten Glasterrarien, die sich für die Geckopflege sehr gut eignen, sind in der Fachliteratur zahlreiche Hinweise erschienen. In den Büchern über Pfeilgiftfrösche und Tropische Laubfrösche (Ulmer Verlag) habe ich den Selbstbau von Terrarien ausführlich beschrieben, so daß ich an dieser Stelle darauf verweisen möchte.

Großes Bild: Phelsuma guttata.
Oben links: Revierkampf zweier Männchen von Phelsuma cepediana.
Unten rechts: Phelsuma flavigularis, der Gelbkehlige Taggecko.

Einrichtungsvorschlag für ein Phelsumenterrarium mit Bambusstäben, Scindapsusranken, Sansevierien und Yuccapalme. Ober-
halb der Bambusstäbe sorgt ein Strahler
(Glühbirne) für eine lokale Erwärmung.

Terrariengröße und Terrarieneinrichtung

Als Standardterrarien für Phelsumen
verwende ich Behälter in Größen von 60 ·
60 · 40 cm (Höhe · Breite · Tiefe) bis zu
100 · 50 · 50 cm. Das großzügigste Maß
besitzen meine Terrarien in der Höhe,
damit den Phelsumen ein ausreichend
großer Kletterraum zu Verfügung steht.

Ausreichende Belüftungsflächen sollten
bei Terrarien selbstverständlich sein. Sinnvoll sind Belüftungsflächen im Terrariendeckel und unterhalb der Frontscheibe.
Hierdurch wird nicht nur Stickluft verhindert, sondern auch das Beschlagen der
Sichtscheibe bei Feucht- und Regenwald-
terrarien.

Die Einrichtung des Terrariums sollte
sich in erster Linie an den Bedürfnissen
der Geckos orientieren, die von Art zu Art
unterschiedlich sein können. Manche
Phelsumen lieben es recht trocken und
sehr hell, andere wiederum bevorzugen
eine feuchte Wärme und kommen mit
weniger Licht aus. Große Arten wie der
Madagaskar-Taggecko benötigen stabile
Aufenthaltsplätze, während kleine Arten
auch an zerbrechlichen Pflanzen herum-
klettern können.

Für die Bepflanzung eignet sich eine
Anzahl verschiedener Gewächse. Zum
einen können wir Pflanzen einsetzen, um
ein optisch schönes Terrarium zu bekom-
men. Hier eignet sich fast die gesamte
Bandbreite tropischer Zimmerpflanzen;
eine besonders schnell wachsende
Rankenpflanze finden wir in der Efeutute
(Scindapsus aureus). Wir sollten aber auch
Pflanzen verwenden, die der Neigung der
Phelsumen, sich in der Senkrechten zu
bewegen, entgegenkommen. Diesen
Zweck erfüllen am besten die Yucca-
Palmen, kleine Bananenstauden und
Sansevierien, an deren senkrecht stehen-
den Blättern sich Phelsumen gern aufhal-
ten. Als Baumersatz können wir den
Geckos auch in der Senkrechten montierte

Bambusstäbe anbieten: An den Bambusstäben bewegen sich die Geckos ebenso elegant wie in ihrem Lebensraum an den Stämmen und Blattstielen der Palmen.

Der Boden meiner Terrarien ist mit Blähtonsteinchen, wie sie für die Hydrokultur Verwendung finden, angefüllt und mit Eichenlaub oder Torfplatten abgedeckt. Ein Wasserbehälter ist im Geckoterrarium nicht erforderlich; es reicht aus, wenn die Pflanzentöpfe feucht gehalten werden. Durch tägliches Sprühen mit einem handelsüblichen Wasserzerstäuber erhöhen wir kurzzeitig die Luftfeuchtigkeit und geben den Taggeckos gleichzeitig Gelegenheit zu trinken.

Die Rückwand sollten wir mit möglichst glattem Material verkleiden; gut geeignet sind dünne Korkplatten mit glatter Oberfläche, die wir mit Silikon auf Glas aufkleben können. Den Phelsumen ist es auch recht, wenn wir die Korkplatten hinter die Rückwandscheibe kleben oder hängen: Sie laufen ohnehin lieber an Glas.

Zur Herstellung des „tropischen" Terrarienklimas kommen wir nicht umhin, einige technische Geräte einzusetzen. Wir müssen mit ihnen die Hauptfaktoren einer Klimazone wie Licht, Feuchtigkeit und Wärme erzeugen.

Trotz ihrer tropischen Herkunft sollten Taggeckos nicht zu feucht gehalten werden: 50 bis 60% relativer Feuchte am Tag sind genug. Mit einem Hygrometer können wir überprüfen, ob wir diese Werte erreichen. In der Nacht steigt die Luftfeuchtigkeit automatisch auf höhere Werte, da dann die feuchtigkeitszehrende Wirkung von Heizung und Beleuchtung aussetzt. Wenden wir uns nun dem Licht im Terrarium zu. Licht, seine spektrale Zusammensetzung und Intensität, ist für Terrarientiere und auch für Pflanzen von wesentlicher Bedeutung. Bei manchen Tieren bildet sich die Fortpflanzungsstimulanz nur bei ausreichender Lichtintensität, andere reagieren mit Bewegungs- und Freßunlust auf mangelndes Licht.

Im Sonnenlicht messen wir Lichtstärken bis zu 100 000 Lux, im Schatten sind es noch 10 000 Lux, am Zimmerfenster 2 000 und in zwei Metern Entfernung vom Fenster nur noch 300 Lux. Ohne künstliche Beleuchtung wird man in der Zimmerterraristik daher nicht auskommen. Die beste Lichtquelle für Terrarien sind Leuchtstoffröhren. Sie verfügen über ein Lichtspektrum, das dem Tageslicht ähnlich ist und geben bei relativ geringem Stromverbrauch viel Licht und wenig Wärme ab.

Die moderne Lampentechnik hat heute eine Vielzahl von verschiedenen Lampentypen geschaffen, so daß annähernd für jeden Zweck das richtige Licht zur Verfügung steht. Für die Terraristik zu empfehlen sind Tageslichtröhren (Floureszenslampen), die von verschiedenen Herstellern (Osram, Philips) vertrieben werden. Beim Einbau von Leuchtstoffröhren in selbstgefertigte Lichtkästen ist darauf zu achten, daß Reflektoren eingesetzt werden. Nur dann geben Leuchtstoffröhren den Großteil ihres Lichtes tatsächlich nach unten ab. Man kann natürlich auch den Innenraum der Lichtkästen mit reflektierendem Material (Alufolie) ausstatten.

Einige Speziallampen lassen sich in der Terraristik ebenfalls einsetzen. Hier ist als wichtigste Lampe die Osram Vita-Lux (300 Watt) zu nennen. Diese Lampe ist ein ausgesprochener Therapiestrahler, der nur kurzzeitig eingesetzt wird. Ihr hoher UV-B-Anteil ist unentbehrlich für die Aufzucht von Taggecko-Nachzuchten und für die Behandlung rachitisch erkrankter Tiere. In der Werbung versprechen auch die True-Lite-Leuchtstoffröhren eine erstaunliche Leistung im UV-Bereich. Tatsächlich ist der UV-Anteil dieser Röhren so gering, daß eine Therapiewirkung nicht möglich ist (vgl. KRAUSE 1985). Schließlich ist die Lichtausbeute der True-Lite-Lampen geringer als die moderner Leuchstofflampen (z.B. Osram Lumilux, Philips Super 80), so daß ihr hoher Preis unangemessen erscheint.

Die Wirkung des UV-Lichtes, das unter anderem die Vitamin-D-Bildung anregt und so einer Rachitis (Knochenerweichung) vorbeugt, läßt sich zum Teil dadurch ersetzen, daß man regelmäßig Vitamine und Kalk zufüttert.

Für die Pflege von Phelsumen, die eine hohe Lichtintensität benötigen, kommt auch der Einsatz von Quecksilberhochdrucklampen oder Halogenlampen in Betracht. Neuerdings werden in der Lampentechnik kleine Halogenbirnen mit geringer Leistungsstärke von 20 bis 50 Watt verwendet, die sich durch eine hohe Lichtstärke auszeichnen. Ihre Wärmeabgabe ist gering, so daß sie sich auch für den Einbau in Lichtkästen eignen.

Abschließend möchte ich noch auf die neuen Leuchtstoffröhren von Osram hinweisen, die unter dem Namen „Dulux L" auf den Markt gekommen sind. Bei ihnen handelt es sich um Kompakt-Leuchtstofflampen, die aufgrund ihrer U-Form nicht einmal halb so lang sind wie herkömmliche Röhren in vergleichbarer Stärke. Die „Dulux L" mit 36 Watt Leistungsaufnahme ist zum Beispiel nur 435 mm lang und eignet sich so hervorragend für den Einbau in quadratische Lichtkästen.

Die Beleuchtungsdauer sollte der Tageslänge in äquatorialen Breiten entsprechen und somit 12 bis 14 Stunden betragen. Punktstrahler oder Glühbirnen lassen sich zur lokalen Erwärmung einsetzen. In meinen Terrarien erwärmt sich die Luft im oberen Terrarienbereich allein durch die Beleuchtung auf über 30 °C. Sollte sich durch die Beleuchtung keine ausreichende Temperatur ergeben, so erreichen wir eine weitere Erwärmung durch die Verwendung eines Heizkabels, das wir zum Beispiel hinter einem Korkrindenstück verlegen können.

Der Anschluß der Beleuchtung an eine Zeitschaltuhr ist von Vorteil, da dann eine gleichbleibende Beleuchtungszeit gewährleistet ist.

Futtertierzuchten

Vor dem Züchten von Futtertieren haben viele Terrarianer eine manchmal unüberwindbare Abneigung: Futtertierzuchten benötigten viel Platz und seien aufwendig in Wartung und Pflege. Schließlich könne man Mehlwürmer in jedem Zoofachgeschäft kaufen, und hin und wieder würden dort sogar Heimchen und Grillen angeboten. Gut, wer viel Geld und noch mehr Zeit übrig hat, um die Grillen, die im Geschäft fast in Gold aufgewogen werden, zu bezahlen und um Zoogeschäfte zu suchen, die dieselben vorrätig haben, der wird ohne Futtertierzuchten auskommen. Wer sich aber einmal die Mühe macht, es mit dem Züchten von Futtertieren zu versuchen, der wird feststellen, daß die Zuchten das Terrarianerleben erleichtern.

Die einfachste Zucht von Futtertieren sieht folgendermaßen aus: Man begibt sich in das nächstgelegene Geschäft für Angelbedarf und verlangt eine Dose Fliegenmaden. Für etwa zwei Mark wechseln fünfhundert Maden den Besitzer, und man verläßt das Geschäft mit einem freundlichen „Petri Heil" in den Ohren. Statt die armen Maden jedoch auf die Angelrute zu spießen, gibt der Terrarianer sie zur Hälfte in ein Gefäß von etwa einem Liter Inhalt, das mit einem Stück Stoff dicht verschlossen wird. Die andere Hälfte der Maden wandert in den Kühlschrank, um ihre Entwicklung zur Puppe zu verzögern. Dagegen wird die Entwicklung der ersten Maden gefördert, indem wir sie in die Wärme (ca. 25 bis 30 °C) stellen. Die Maden verpuppen sich nach wenigen Tagen, und nach etwa einer Woche schlüpfen die Fliegen aus. Die ausgeschlüpften Fliegen sollten wir noch füttern, zum Beispiel mit Zuckerwasser oder Konfitüre, bevor wir sie unseren Geckos „servieren".

Als Beikost für kleine Phelsumen und als Aufzuchtfutter für Jungtiere ist die Fruchtfliege *Drosophila* geeignet. Sie läßt sich einfach und in Mengen züchten. Die Fruchtfliege gibt es in verschiedenen Ausführungen, die geflügelte, flugfähige für Könner und die stummelflügelige, die nicht fliegen kann, für die weniger Geschickten.

Ich züchte seit Jahren die flugunfähigen Species, und zwar die kleine Stummelflügelige Fruchtfliege *(Drosophila funebris)* und die Große Fruchtfliege *(Drosophila hydei)*, die ebenfalls nicht fliegen kann.

Wer sich für die Zucht der flugfähigen *Drosophila* in Wohnräumen entscheidet, sollte ein Gemütsmensch sein und sich nicht darüber aufregen, daß sich die Fruchtfliegen an seinen Obstvorräten genau so gut vermehren, wie in den dafür vorgesehenen Zuchtgläsern. Da die flugfähigen *Drosophila* ihre flugunfähigen Kollegen zum Fliegen „überreden" können, wenn sie einmal in eine Zucht eingebrochen sind, ist ein Zuchtraum mit flugunfähigen *Drosophila* zur Bannmeile für flugfähige zu erklären. Notfalls ist gegen flugfähige Eindringlinge Gewalt anzuwenden.

Rezepte für *Drosophila*-Nahrungsbrei gibt es viele. Sehr einfach läßt sich ein Nahrungsbrei herstellen, wenn man die als Babynahrung vorgesehenen Früchtebreis verwendet. Eine Portion Früchtebrei (Banane mit Apfel) wird in ein 1-Liter-Einmachglas gegeben, dazu ein Eßlöffel Bierhefe und ebensoviel Zucker. Dann wird das Ganze solange mit Haferflocken vermengt, bis es nicht mehr wässerig ist. Zur Schimmelverhütung wird eine Messerspitze Nipagin-M auf der Breioberfläche gleichmäßig verteilt. Die immer noch klebrige Oberfläche decken wir mit einer Schicht Toilettenpapier ab, und schließlich statten wir das Glas mit einer Handvoll Holzwolle als Klettermöglichkeit für die Fliegen aus. Als Grundlage für dieses Rezept eignet sich neben dem Früchtebrei auch preiswerteres Apfelmus.

Ein weiterer Vorschlag für die Herstellung von *Drosophila*-Brei sieht folgendermaßen aus. Hundeflocken und Haferflocken werden zu gleichen Teilen gemischt und mit Weißwein angefeuchtet, bis ein pappiger Brei entsteht. Wieder kommt ein wenig Nipagin-M obenauf, und schon ist das Fliegenmenü fertig. Bei Temperaturen von 20 bis 25 °C dauert die Entwicklung vom Ei zur Fliege bei der Stummelflügeligen *Drosophila* etwa 14 Tage. Für größere Taggecko-Jungtiere ist die Große Fruchtfliege zu empfehlen. Ihr Entwicklungszyklus dauert allerdings vier Wochen. Das Schöne an *Drosophila*zuchten ist, daß man sich während des gesamten Zuchtablaufes nicht um die Zuchten zu kümmern braucht; wir müssen lediglich darauf achten, daß der Futterbrei nicht austrocknet.

Vor dem Verfüttern an Jungtiere sollten die Drosophila regelmäßig vitaminisiert werden. Meine flugunfähigen *Drosophila* schütte ich mittels eines Plastiktrichters in ein Röhrchen, in das ich vorher ein wenig Vitamin-Kalk (Osspulvit) hineingegeben habe. Dann werden die Fliegen einige Male hin und her geschüttelt und als weiß eingestäubte „Vitamin-Fliegen" den Junggeckos angeboten. Die kleinen Geckos fressen die mit Osspulvit eingestäubten Fliegen so gern, als wären es Delikatessen.

An weiteren geeigneten und züchtbaren Futtertieren möchte ich Grillen *(Gryllus bimaculatus)* und Heimchen *(Acheta domesticus)* nennen. Diese Futtertiere züchte ich in 5-Liter-Plastikeimern, deren Deckel für die Belüftung einen Gazeeinsatz erhalten. In Geschäften für Imkereibedarf werden Eimer mit einem Einsatz aus feiner Kupfergaze angeboten, die für unsere Zwecke sehr geeignet sind.

Als Bodengrund fülle ich für die Grillen etwa 10 cm feinen Sand ein, für Heimchen nehme ich die gleiche Menge Torf. Aufeinander gelegte Eierbehälter aus Pappe sorgen für Versteck- und Klettermöglichkeiten. An einer Stelle des Zuchtgefäßes stellen wir eine kleine, etwa fünf Zentimeter tiefe, Plastikschale auf und füllen sie mit feuchtem Sand. Wenn wir den Sand in der Plastikschale ständig feucht halten, legen die Grillenweibchen ihre Eier hinein.

Bei Zuchttemperaturen um 30 °C dauert die Entwicklung aus dem Ei bis zur ausgewachsenen Grille etwa 10 Wochen. Wir verfüttern sie in verschiedenen Größen an unsere Geckos und führen die Zucht mit einigen ausgewachsenen Grillen fort. Als Futter eignen sich Obstreste, insbesondere Apfelstücke, Haferflocken, Zierfischfutter und ungespritzter Salat. Nach jedem Generationenwechsel sollten wir das Zuchtgefäß säubern und frischen Sand einfüllen.

Heimchen sind im übrigen viel ausbruchfreudiger als Grillen und können, wenn sie in Wohnräumen entwichen sind, zu einer ständigen Plage werden. Deswegen und auch wegen des ständigen Gezirpes der erwachsenen Männchen bringt man sie besser in Kellerräumen unter.

Als leicht züchtbares Futter bietet sich auch die Dörrobstmotte *(Plodia interpunctella)* an. Sie läßt sich in den bereits erwähnten Plastikeimern bei Temperaturen um 25 °C züchten. Für ihre Ernährung hat sich ein Futterbrei aus Hundeflocken bewährt, der mit Glycerin angefeuchtet wird. Diesen Futterbrei geben wir in einer 5 bis 10 cm dicken Schicht in den Eimer, setzen einige Motten dazu und warten etwa acht Wochen, bis wir kleine Raupen und Motten in Mengen vom Eimerdeckel ablesen können.

Die Zucht der Großen *(Galleria melonella)* und der Kleinen Wachsmotte *(Achroea grisella)* verläuft ebenfalls problemlos. Wir benutzen wieder die Plastikeimer, die wir mit Wellpappe auskleiden, damit sich die Raupen darin verpuppen können. Bei einer gleichbleibenden Temperatur von 28 bis 30 °C entwickelt sich die Zucht am schnellsten. Als Futter reichen wir alte Bienenwaben, die wir von einem Imker oder im Honiggroßhandel bekommen können.

Manchmal ergeben sich Schwierigkeiten bei der Beschaffung von alten Bienenwaben. Hier hilft uns ein Kunstfutter weiter, das wir nach folgendem Rezept herstellen.

An Zutaten benötigen wir 500 g flüssigen Honig, 500 g Glycerin (in Apotheken erhältlich), l00 g Bierhefe oder Trockenhefe, 200 g Kleie, 200 g Magermilchpulver, 200 g Weizen- oder Sojamehl und 400 g Maismehl oder Grieß. Honig und Glycerin rühren wir gut ineinander. Die anderen Zutaten mischen wir gründlich in trockenem Zustand und geben sie nach und nach dem Honig-Glycerin-Gemisch bei. Nun rühren und kneten wir so lange, bis ein klebriger, nach Bienenwachs duftender Teig entsteht, der 2 bis 3 Tage zum Aushärten braucht und erst dann verfüttert werden kann. Er läßt sich gut in Scheiben oder Würfel schneiden und im Kühlschrank einige Monate aufbewahren (Rezept nach FRIEDERICH/VOLLAND 1981). Nach 7 bis 8 Wochen steht die Zucht in „voller Blüte"; besonders die Raupen sind ein Leckerbissen für die Geckos. Bei mehreren Zuchtgefäßen ist es zweckmäßig, die Zuchten in einem speziellen Zuchtschrank zusammenzufassen. Ein alter Schrank läßt sich leicht zu einem Zuchtschrank umfunktionieren, indem wir ihn innen mit Styroporplatten bekleben und mittels einer Glühbirne beheizen. Für die Belüftung werden einige Luftlöcher in den Schrank gebohrt.

Die Grillenzucht deponieren wir in der Nähe der Glühbirne, da sich Grillen bei Dauerlicht und Wärme gut züchten lassen. Durch eingelegte Regalböden können wir einen Bereich des Zuchtschrankes abdunkeln. Hier stellen wir die Wachsmotten auf, die es dunkel lieben.

Zuchtansätze bekommen wir bei befreundeten Terrarianern oder wir wenden uns an kommerzielle Futtertierzuchten; Inserate stehen regelmäßig in den Aquarien- und Terrarienzeitschriften. Ist ein Aquarien- und Terrarienverein am Ort, kann man auch dort einmal reinschauen; es lohnt sich bestimmt.

Hilfe bei Krankheiten

Wie alle Tiere können auch Geckos krank werden. Ein kranker Gecko fällt uns häufig erst dann auf, wenn sich der körperliche Zustand des Tieres verschlechtert hat. Krankheiten rechtzeitig zu erkennen, ist auch für den erfahrenen Geckopfleger ein Problem.

Krankheiten, die häufig als Folge mangelhafter Pflege und Ernährung entstehen, können wir durch eine geeignete Unterbringung und richtige Ernährung der Geckos vermeiden.

Als Mangelkrankheit, die vornehmlich bei der Aufzucht von Jungtieren auftreten kann, ist die Rachitis (Knochenerweichung) zu nennen, die im Endstadium mit Lähmungserscheinungen und krampfartigen Zitteranfällen der betroffenen Tiere einhergeht. Rachitische Erkrankungen fallen durch Verformungen des Skelettes auf, besonders betroffen sind die Kiefer und die Wirbelsäule. Im Endstadium der Rachitis sind die Kiefer so weich, daß der Gecko nicht mehr fressen kann. Nun treten Lähmungserscheinungen oder krampfartige Zitteranfälle auf: In diesem Stadium ist das Tier in der Regel ein Todeskandidat. Geckos, die jetzt noch gerettet werden können, sind meistens für ihr Leben gezeichnet, zum Beispiel durch eine Verkrümmung der Wirbelsäule.

Die Rachitis ist eine Störung des Knochenstoffwechsels, die sich durch eine richtige Ernährung vermeiden läßt. Unsere Geckos verlangen eine geeignete Futterzusammenstellung, um der Nahrung die Energie für den Ablauf ihrer Lebensäußerungen und für den Wiederaufbau von Körper- und Keimzellen zu entnehmen: Kohlenhydrate, Fette, Eiweiße, Mineralstoffe, Vitamine und Wasser müssen in ausreichender Konzentration in der Nahrung vorhanden sein.

Für das Gleichgewicht der knochenaufbauenden und knochenabbauenden Prozesse sind insbesondere die folgenden Voraussetzungen zu gewährleisten: UV-Licht, Vitamin D3, ein ausgeglichenes Kalzium-Phosphor-Verhältnis und essentielle Aminosäuren aus geeigneten Proteinen. Kalzium und Phosphor sollten in der Nahrung etwa zu gleichen Teilen enthalten sein, wobei im idealen Fall der Kalziumanteil leicht überwiegt.

Wenn wir jetzt einmal eine einseitige Ernährung mit Mehlwürmern auf das Kalzium-Phosphor-Verhältnis überprüfen, so stellen wir fest, daß Mehlwürmer neunmal mehr Phosphor als Kalzium enthalten. Bei ausschließlicher oder überwiegender Ernährung mit Mehlwürmern würde es aufgrund eines chronischen Kalziummangels über kurz oder lang zu Mißbildungen im Knochenbau kommen. Auch die bei manchen großen Taggeckos beliebte Fütterung mit Bananen kann bei einseitiger Anwendung aufgrund ihres dreimal höheren Phosphoranteils zu Kalziummangel und damit zu Knochenstoffwechselstörungen führen.

Die Rachitis können wir durch eine Zufuhr von Vitamin D3 bei gleichzeitiger UV-Lichtbestrahlung (Sonnenlicht oder tägliche 10-minütige Bestrahlungen mit der Osram-Vita-Lux) in vielen Fällen noch heilen. Neben den therapeutischen Maßnahmen ist die Zufuhr von Kalzium erforderlich. Bei schweren Rachitiserscheinungen kann es sinnvoll sein, Vitamin D3 zu injizieren. Das sollte jedoch nur durch einen ausgebildeten Fachmann geschehen. Weitergehende Hinweise zur Therapie von rachitischen Erkrankungen finden wir bei BOSCH (1991).

Geckos leiden häufiger an Außenparasiten; hauptsächlich sind es Milben, die ihnen zusetzen. Von diesen kleinen Parasiten, die wir hauptsächlich an den Flanken, in der Ohrgegend und zwischen den Zehen der Geckos als rote Punkte entdecken können, werden Geckos auch in der freien Natur geplagt. Die blutsaugenden Milben sind für die Geckos gefährlich, wenn sie in Massen auftreten. Wir sollten in der Regel versuchen, sie zu entfernen. Hierbei hat sich das Abtupfen der Milben mit einer ölhaltigen Salbe, zum Beispiel mit der Lebertransalbe Unguentolan, bewährt. Wir verstopfen auf diese Weise die Atmungskanäle der Milben und töten sie so ab. Die Behandlung sollten wir mehrere Tage hintereinander durchführen, um auch neu ausschlüpfende Milben zu erfassen. Bei Geckos mit Haftlamellen müssen wir darauf achten, daß keine Salbe auf ihre Hautlamellen gerät, da anderenfalls das Haftvermögen ihrer Füße nicht mehr funktioniert. Bei starkem Milbenbefall hat sich

die „Neguvon-Sackmethode" (Wirkstoff Trichlorphon) bewährt. Nach BOSCH (1991) wird ein Leinensack in ausreichender Größe mit einer 0,2 bis 0,5%igen Neguvon-Lösung getränkt. Nach dem Austrocknen des Sackes werden dann die befallenen Echsen für ein bis zwei Tage in den Sack gesetzt. Nach etwa zwei Wochen muß die Behandlung wiederholt werden. Von einem Baden der befallenen Reptilien in Neguvon-Lösung muß dringend abgeraten werden, da das zu Schädigungen des Nervensystems führen kann.

Sollten die Taggeckos gut fressen und dennoch abmagern, kann eine Infektion mit Nematoden (Fadenwürmern) vermutet werden. Die Tiere sollten in ein trockenes, steril eingerichtetes Behandlungsterrarium gesetzt werden, um den Fadenwürmern eine weitere Vermehrung zu erschweren. Der Kot der Geckos, der Eier, Larven und Würmer enthalten kann, ist sorgfältig zu entfernen, um eine ständige Neuansteckung zu vermeiden. Eine Behandlung mit dem Wurmmittel Panacur, das in einer Dosierung von 30 bis 50 Milligramm pro Kilogramm Körpergewicht oral mit dem Futter verabreicht wird, tötet die Würmer ab.

Bakterielle Infektionen können wir durch eine gute und richtige Pflege und Terrarienhygiene häufig vermeiden. Schlecht gepflegte und geschwächte Tiere erkranken naturgemäß häufiger, da ihr Immunsystem angegriffen ist. Sollte sich der Allgemeinzustand eines Geckos nicht bessern, obwohl die äußeren Bedingungen gut sind, kann der Einsatz von Antibiotika hilfreich sein. Vor der Diagnose und dem Beginn der Behandlung sollte die einschlägige Fachliteratur zu Rate gezogen werden (z.B. ISENBÜGEL & FRANK, 1985; BOSCH, l991).

Wenn man eine Behandlung mit Antibiotika beginnt, muß die Behandlung über einen Zeitraum von 10 bis 14 Tagen durchgeführt werden, um zu verhindern, daß die Bakterien gegen das Medikament resistent werden. Nicht alle Antibiotika sind für eine Behandlung geeignet: Speziell Chloramphenicol scheint schädigende Nebenwirkungen zu besitzen; vermutlich beeinträchtigt es in einer hohen Dosierung die Fortpflanzungsfähigkeit.

Im Zweifel sollten wir bei der Behandlung bakterieller Erkrankungen einen Fachmann fragen. Möglicherweise befindet sich ein bakteriologisches Institut in der Nähe, an das wir uns mit unseren Fragen wenden können. Für Medikamenten-Experimente sollten uns unsere Geckos auf jeden Fall zu schade sein.

Phelsumenarten und -unterarten

Liste der bisher bekannten Phelsumenarten (verändert nach Hallmann)

Art	Erstbeschreiber	Vorkommen	Besonderheit
abotti abbotti	STEIJNEGER 1893	Nosy Be und Aldabra-Atoll	
abotti pulchra	RENDAHL 1939	Mahé/Seychellen	
abbotti sumptio	CHEKE 1982	Insel Assumption/Aldabra	
andamanensis	BLYTH 1860	Andamanen-Inseln	
astriata astriata	TORNIER 1901	Insel Mahé/Seychellen	
astriata astovei	FITZSIMONS 1948	Insel Astove/Seychellen	
astriata semicarinata	CHEKE 1976	Insel Praslin/Seychellen	
barbouri	LOVERIDGE 1942	Tsiafojavona-Berg/Madagaskar	
befotakensis	BÖRNER & MINUTH 1982	Befotaka/Madagaskar	Art status wird z.T. nicht anerkannt
borbonica borbonica	MERTENS 1966	Bois Blanc/La Reunion	
borbonica agalegae	CHEKE 1976	Insel Agalega/Mascarenen	
breviceps	BOETTGER 1894	Fort Dauphin/Madagaskar	
cepediana	MERREM 1817	Port Louis/Mauritius	
chekei	BÖRNER & MINUTH 1982	Diego Suarez/Madagaskar	Art status wird z.T. nicht anerkannt
comorensis	BOETTGER 1913	Komoren	
dubia	BOETTGER 1881	Majunga/Komoren/ Afrika-Ostküste	
edwardnewtoni	BOULENGER 1884	Insel Rodriguez/Mascarenen	ausgestorben
flavigularis	MERTENS 1962	Perinet/Madagaskar	
gigas	LIENARD 1842	Rodrigues/Mascarenen	ausgestorben
guentheri	BOULENGER 1885	Round-Island/Mascarenen	
guimbeaui guimbeaui	MERTENS 1963	Mauritius	
guimbeaui rosagularis	VINSON & VINSON 1969	Mauritius	
guttata	KAUDERN 1922	Fandrarazana/Madagaskar	
klemmeri	SEIPP 1990	Antsatsaka/Madagaskar	
laticauda latidauca	BOETTGER 1880	Nosy Be/Madagaskar und Komoren	
latidauca angularis	MERTENS 1964	Antsohihy/Madagaskar	
leiogaster	MERTENS 1973	Tulear/Madagaskar	
lineata lineata	GRAY 1842	Antanarivo/Madagaskar	
lineata bombetokensis	MERTENS 1964	Marovoay/Madagaskar	

Art	Erstbeschreiber	Vorkommen	Besonderheit
lineata bifasciata (chloroscelis)	BOETTGER 1904	Perinet/Madagaskar	bisher als chloroscelis bekannt
lineata dorsivittata	MERTENS 1964	Joffreville/Madagaskar	
lineata punctulata	MERTENS 1970	Tsaratanana-Gebirge/ Madagaskar	
longinsulae			
longinsulae	RENDAHL 1939	Long Island/Seychellen	
longinsulae menaiensis	MERTENS 1969	Cosmoledo-Insel/Seychellen	
longinsulae pulchra	RENDAHL 1939	Cousine-Island/Seychellen	
longinsulae rubra	BÖRNER & MINUTH 1982	Silhouette-Insel/Seychellen	
longinsulae umbrae	BÖRNER & MINUTH 1982	North-Island/Seychellen	nach manchen Autoren handelt es sich bei longinsulae ssp. um Unterarten von Ph. sundbergi
madagascariensis			
madagascariensis	GRAY 1831	Tamatave/Madagaskar	
madagascariensis boehmei	MEIER 1982	Perinet/Madagaskar	
madagascariensis grandis	GRAY 1870	Diego Suarez/Madagaskar	
madagascariensis kochi	MERTENS 1954	Maevatanana/Madagaskar	
minuthi	BÖRNER 1980	Madagaskar (?)	nur Typusexemplar bekannt
modesta	MERTENS 1970	Ambovombe/Madagaskar	
mutabilis	GRANDIDIER 1869	Menabe und Nosy Makamby/ Madagaskar	
nigistriata	MEIER 1984	Komoren	
ocellata	BOULENGER 1885	Namaqualand/Südafrika	
ornata ornata	GRAY 1825	Sebastopol/Mauritius	
ornata inexpectata	MERTENS 1966	Manapany/La Reunion	
parkeri	LOVERIDGE 1941	Insel Pemba/Tansania	
pusilla pusilla	MERTENS 1964	Ambila-Lemaitso/Madagaskar	
pusilla hallmanni	MEIER 1989	Perinet/Madagaskar	
quadriocellata			
quadriocellata	PETERS 1883	Perinet/Madagaskar	
quadriocellata bimaculata	KAUDERN 1922	Insel Saint Marie/Madagaskar	
quadriocellata leiura	MEIER 1983	Imotra/Madagaskar	nur 2 Exemplare bekannt

Art	Erstbeschreiber	Vorkommen	Besonderheit
quadriocellata parva	MEIER 1981	Tamatave/Madagaskar	
quadriocellata lepida	KRÜGER 1992	Andapa/NO-Madagaskar	
robertmertensi	MEIER 1980	Komoren	
seippi	MEIER 1988	Nosy Be/Madagaskar	
serraticauda	MERTENS 1962	Ivoloina/Madagaskar	
standingi	METHUEN & HEWITT 1913	Andranolaho und Sakaraha/ Madagaskar	
sundbergi sundbergi	RENDAHL 1939	Insel Praslin/Seychellen	
sundbergi ladiguensis	BÖHME & MEIER 1980	Insel La Digue/Seychellen	
trilineata	GRAY 1842	Madagaskar (?)	nur Typusexemp- lar bekannt
v-nigra v-nigra	BOETTGER 1913	Insel Moheli/Komoren	
v-nigra anjouanensis	MEIER 1986	Insel Anjouan/Komoren	
v-nigra comoraegrandensis	MEIER 1986	Insel Grande Comore/Komoren	
v-nigra pasteuri	MEIER 1984	Komoren	

Zur schnellen Information schließe ich an die Artenliste eine Übersichtstabelle an, die Wissenswertes über Phelsumen auf einen Blick aufzeigt. Bei der Erstellung dieser Tabelle habe ich im wesentlichen auf die Veröffentlichung von MEIER (1981) zurückgegriffen.

Gemeinsamkeiten, Klimaansprüche und Vorzugsbiotope der Phelsumen

A. Gemeinsamkeiten der Phelsumen
– Die meisten Phelsumen besitzen eine große Vorliebe für „Süßigkeiten", die im natürlichen Lebensraum besonders durch Blütennektar und durch überreife Früchte wie Mango und Banane befriedigt wird.
– Phelsumen bevorzugen senkrechte und schräge Laufflächen, der Erdboden und dünne Zweige werden auffällig gemieden. Als Anforderung für die Terrarienhaltung ergibt sich hieraus, daß die Terrarien vor allem in der Höhe großzügig bemessen sein sollen. Eine auf Phelsumenbedürfnisse ausgerichtete Einrichtung besteht aus Pflanzen mit breiten, schräg oder senkrecht stehenden Blättern, wie sie zum Beispiel Sansevierien oder Yucca-Palmen aufweisen. Senkrecht stehende Bambusstäbe werden als Aufenthalts- und Ruheplatz ebenfalls gern angenommen.

B. Klimaansprüche
– Folgende Arten benötigen relativ wenig Sonne und Wärme, aber eine recht hohe Luftfeuchtigkeit:
P. l. lineata, P. l. chloroscelis, P. flavigularis, P. borbonica borbonica, P. quadriocellata, P. m. madagascariensis.

– Den höchsten Sonne- und Wärmebedarf bei einer geringeren Luftfeuchtigkeit besitzen:
P. leiogaster, P. mutabilis, P. standingi, P. ornata vinsoni.

– Mittlere Ansprüche an Wärme und Feuchtigkeit stellen:
P. laticauda, P. serraticauda, P. a. abbotti, P. a. pulchra, P. astriata, P. m. kochi, P. m. grandis, P. s. ladiguensis, P. l. dorsivittata, P. s. sundbergi, P. comorensis, P. dubia, P. robertmertensi.

C. Bevorzugte Biotope in der Natur
– Kokospalmen:
P. serraticauda, P. astriata
– Palmen und verschiedene Bäume:
P. a. abbotti, P. a. pulchra, P. guttata, P. flavigularis, P. standingi, P. robertmertensi
– Bäume, Mauern und Häuser:
P. leiogaster, P. m. madagascariensis, P. m. grandis, P. s. sundbergi, P. dubia
– Bananenstauden:
P. lineata chloroscelis, P. quadriocellata, P. lineata dorsivittata, P. laticauda, P. comorensis, P. astriata.

Phelsuma abbotti abbotti
STEJNEGER, 1893
Aldabra-Taggecko (Foto S. 17)

Beschreibung: Mit einer Gesamtlänge von 14 cm gehört *Phelsuma abbotti abbotti* zu den mittelgroßen Arten. Der Aldabra-Taggecko ist nicht so leuchtend grün gefärbt wie die meisten Phelsumen. Auf der grüngrauen Oberseite zeigen die Tiere eine mehrmals unterbrochene rotbraune Rückenlinie, die von unregelmäßigen rotbraunen Flecken eingefaßt ist. Die brau-

nen hellgepunkteten Gliedmaßen sorgen mit der ebenfalls braunen Flankenfärbung für ein eher graubraunes Aussehen der Tiere. Auffällig ist die spindelartige Beschuppung, die beim Aldabra-Taggecko besonders am Schwanzansatz stark ausgebildet ist.

Auf dem Kopf befindet sich ein braunes Strich- oder Fleckenmuster. Ein dunkelbrauner Zügelstreifen zieht sich von der Schnauzenspitze bis an die Ohröffnungen. Die Bauchseite ist hellgrau gefärbt.

Verbreitung und Lebensraum: *Phelsuma abbotti abbotti* kommt auf Aldabra und Assumption vor. Auf Madagaskar ist die Art nur aus einem schmalen Küstenstreifen von Soalala bis Diégo-Suarez bekannt sowie von der vorgelagerten Insel Nossi Bé. Auf den zwischen diesen Verbreitungsgebieten liegenden Seychellen und Komoren kommt *Phelsuma abbotti abbotti* nicht vor. Die Art lebt an Bäumen, wo sie nach Beobachtungen von MEIER (1982) die Nachtruhe ohne Deckung auf Zweigen und Ästen verbringt, offenbar auf ihre Schutzfärbung vertrauend.

Pflege im Terrarium: Der Aldabra-Taggecko läßt sich in Terrarien von mittlerer Größe (ab 70 cm Höhe) pflegen. Die Tiere halten sich oft auf dickeren Ästen auf, was bei der Einrichtung zu berücksichtigen ist. Eine Bepflanzung mit Sansevierien oder Yucca-Palmen wird ersatzweise ebenso gern angenommen.

Die Lufttemperaturen sollten tagsüber bei 28 °C liegen, nachts darf es auf Zimmertemperatur abkühlen. *Phelsuma abbotti abbotti* benötigt keine hohe Luftfeuchtigkeit: 60% relative Feuchte am Tag sind ausreichend. In einem Terrarium mit feuchtem Bodengrund braucht daher nur einmal täglich gesprüht zu werden. Das Trinkbedürfnis ist allerdings recht hoch, so daß eine Wasserschale mit täglich frischem Wasser nicht fehlen darf.

Als Futter nehmen die Geckos die übliche Insektenkost sowie süße Säfte und Obstbrei an. Die regelmäßige Beimischung eines Mineralstoff- und Vitaminpulvers garantiert eine gute körperliche Verfassung der Tiere.

Phelsuma abbotti abbotti legt ihre Gelege häufig in Blattachseln oder in Rindenspalten ab. Da die Eier nicht angeklebt werden, ist es in der Regel problemlos möglich, sie in einen Inkubator zu überführen. Die Jungen schlüpfen bei Zeitigungstemperaturen von 28 °C nach etwa 85 Tagen. Sie sind anfangs 5 cm groß und werden in der bereits beschriebenen Weise aufgezogen.

Phelsuma abbotti pulchra

RENDAHL, 1939

Seychellen-Taggecko   (Foto S. 17)

Diese Unterart der Nominatform *P. abbotti abbotti*, die auf Madagaskar heimisch ist, lebt auf den Seychellen. Es handelt sich um eine mittelgroße, robuste Art, die auch für den Anfänger in der Phelsumen-Pflege geeignet ist.

Beschreibung: *Phelsuma abbotti pulchra* ist mit einer Gesamtlänge von etwa 16 cm eine mittelgroße Phelsume. Mit ihrer leuchtend gelbgrünen Färbung und den zinnoberroten Zick-Zack-Streifen auf dem Rücken ist sie hübsch anzusehen. Auffällige gelbe Augenringe und bräunlich gefleckte Beine sind weitere Farbcharakteristika dieser Art. Die hell gefärbte Kehle zeigt häufig ein dunkelbraunes Fleckenmuster.

Verbreitung und Lebensraum: *Phelsuma abbotti pulchra* ist auf Mahé, der Hauptinsel der Seychellen, überaus häufig. Erstaunlicherweise findet sich die Art auf den Mahé benachbarten Inseln nicht. MEIER (1982 b) führt an, daß auf dem zu den Seychellen zählenden Atoll Aldabra die Nominatform *P. abbotti abbotti* verbreitet ist. Auf Mahé lebt *P. abbotti pulchra* an den Blattstielen großer Palmen und auf Zweigen von größeren Laubbäumen wie zum Beispiel Mangobäumen. Sie bevorzugt luftige Höhen zwischen zwei und fünf Metern.

Pflege im Terrarium: Für die Pflege von *Phelsuma abbotti pulchra* eignen sich mittelgroße Terrarien von zum Beispiel 70 · 70 · 50 cm (Höhe · Breite · Tiefe) Größe. In ihrem natürlichen Lebensraum leben die Taggeckos bei Temperaturen bis zu 35 °C tagsüber; nachts kühlt es bis auf etwa 24 °C ab. Im Terrarium reicht es aus, wenn wir einen „Sonnenplatz" schaffen, an dem sich Temperaturen von über 30 °C ergeben. Bewährt haben sich in der Senkrechten montierte Bambusstäbe, über die wir im Terrariendeckel eine Glühbirne installieren. Als Bepflanzung wählen wir Yucca-Palmen und Sansevierien, die mit ihren langen und senkrecht stehenden

Oben links: Phelsuma lineata, Streifen-Taggecko.
Oben rechts: Phelsuma klemmeri.
Unten links: Phelsuma laticauda.
Unten rechts: Phelsuma leiogaster.

Blättern gute Klettermöglichkeiten für die Geckos bieten. Wenn wir es biotopgerecht lieben, können wir auch eine kleine Bananenstaude einsetzen.

Als Futter reichen wir verschiedene Insekten und deren Larven. Die Taggeckos bewältigen Futtertiere bis zur Größe eines mittelgroßen Heimchens. Wenn wir das Terrarium täglich mit Wasser aussprühen, benötigen Sie kein zusätzliches Wassergefäß.

Verhalten und Zucht: Phelsumen-Männchen besitzen in der freien Natur ein Revier, in dem sie keine Konkurrenz dulden. Ein Terrarium in der angegebenen Größe bietet demnach nur Platz für ein Gecko-Paar. Wenn sich ein Gecko-Pärchen eingelebt hat, dauert es in der Regel nicht lange, bis das Männchen anfängt, sich für das Weibchen zu interessieren. Mit ruckartigen Bewegungen des Kopfes nähert sich das Männchen dem Weibchen, wobei der Körper des Männchens in den schönsten Farben erstrahlt. Ist das Weibchen paarungswillig, verweilt es und läßt das Männchen herankommen, bis die Tiere Körperkontakt haben. Nun beißt sich das Männchen im Nacken des Weibchens fest und schiebt seinen Schwanz unter den des Weibchens, um die Paarung zu vollziehen.

Das trächtige Weibchen nimmt in den nächsten drei Wochen deutlich an Umfang zu. Schließlich stellt es die Nahrungsaufnahme ein und beginnt, nach einem geeigneten Platz für die Eiablage zu suchen.

Oben: Phelsuma lineata chloroscelis.
Mitte: Jungtier von Phelsuma
m. madagascariensis.
Unten: Phelsuma madagascariensis grandis,
Großer Madagaskar-Taggecko.

Beliebt sind Blattachseln, gelegentlich werden die Eier aber auch an Rindenstücke oder einfach an die Terrarienscheibe geklebt. Wenn das Weibchen die beiden hartschaligen, 12 bis 14 mm großen Eier abgesetzt hat, kümmert es sich nicht weiter um den Nachwuchs.

In der Regel empfiehlt es sich, die Eier vom Ablageplatz zu entfernen und in einen Brutschrank oder in ein belüftetes Plastikgefäß zu überführen, das wir an einer warmen Stelle deponieren. Dabei ist zu beachten, daß wir die Eier wieder in derselben Lage ablegen, wie wir sie vorgefunden haben. Bei der Eizeitigung gibt es nämlich instabile Phasen, in denen der Embryo abstirbt, wenn wir die Lage des Eis wesentlich verändern. Sollten wir die Eier nicht aus dem Terrarium entfernen können, bringen wir am besten eine Auffangvorrichtung (Plastikröhrchen mit Belüftungseinsatz) über dem Gelege an, damit wir die frischgeschlüpften Geckos vorfinden.

Im Brutgefäß lege ich die Eier auf ein Stück Schaumstoff, in das ich vorher Höhlungen für die Aufnahme der Eier hineingeschnitten habe. Die Zeitigungstemperaturen sollten bei 28 bis 30 °C liegen; ein nächtlicher Temperaturabfall auf etwa 20 °C schadet nicht, er verlängert nur die Zeitigungsdauer. Bei gleichbleibenden Temperaturen im Brutschrank schlüpfen die Junggeckos nach 55 bis 60 Tagen, bei nächtlichem Temperaturrückgang können 80 bis 90 Tage bis zum Schlüpfen vergehen. Eine Befeuchtung des Schaumstoffs ist nicht nötig, die Eier gedeihen bei normaler Zimmerluftfeuchtigkeit (50 bis 60 % relativer Feuchte) am besten.

Aufzucht der Jungtiere: Es ist immer wieder ein Erlebnis, wenn ein kleiner Gecko erstmals das Licht der Welt erblickt. Das frischgeschlüpfte Jungtier ist schon eine völlige Abbildung seiner Eltern, nur viel kleiner. Jungtiere von *Phelsuma abbotti pulchra* sind beim Schlupf knapp 5 cm groß. Wenige Stunden nach dem Schlüpfen häuten sich die

Kleine Klarsichtdosen aus Plastik (20·10·10 cm) lassen sich durch das Einarbeiten von Belüftungsflächen zu Aufzuchtterrarien umfunktionieren. Als Einrichtung läßt sich ein Trieb einer Scindapsusranke verwenden, die im feuchten Schaumstoff wurzelt.

Jungen zum ersten Mal und gleichen dann auch in der Färbung schon weitgehend ihren Eltern.

Für die weitere Aufzucht setze ich die Jungtiere einzeln in vorbereitete Kleinterrarien. Diese Aufzuchtbehälter bestehen aus zweckentfremdeten Kaffeedosen aus durchsichtigem Plastikmaterial. Um aus einer schnöden Kaffeedose ein Heim für Echsenkinder zu gestalten, braucht man nur mit einem heißen Messer aus dem Deckel und aus einer Seitenwand ein rechteckiges Stück Plastik herauszuschneiden und die Öffnungen mit feiner Drahtgaze zu verkleben. Als Einrichtung dient ein Korkrindenstück und ein Trieb einer Scindapsus-Ranke. Den Boden des Behälters lege ich mit Schaumstoff aus, der ständig feucht gehalten wird. Einmal erziele ich auf diese Weise eine ausreichend hohe Luftfeuchtigkeit für den Gecko und außerdem kann die Scindapsus-Ranke unter dem feuchten Schaumstoff wurzeln. Einmal am Tag sprühe ich Wasser in das Aufzuchtgefäß, damit der Gecko trinken kann. Da die jungen Geckos wärmebedürftig sind, stelle ich die Aufzuchtgefäße in die Nähe einer Wärmequelle (Glühlampe). So erreiche ich tagsüber eine Aufzuchttemperatur von etwa 30 °C.

In den ersten Tagen leben die Geckos noch von ihren Dotterresten und nehmen keine Nahrung auf. Danach können wir sie mit *Drosophila*, kleinen Wachsraupen und frischgeschlüpften Heimchen füttern. Damit die Geckos in ihren ersten Lebensmonaten ausreichend Aufbaustoffe bekommen, bestäube ich die Futtertiere vor dem Verfüttern mit Vitaminkalk

(Osspulvit). Zweimal in der Woche werden die Jungtiere zehn Minuten mit UV-Licht bestrahlt (Osram-Vita-Lux). So können wir Wachstumsstörungen und anderen Mangelkrankheiten vorbeugen.

Phelsuma andamanensis
BLYTH, 1880
Andamanen-Taggecko

Beschreibung: *Phelsuma andamanensis* gehört mit einer Gesamtlänge von 14 cm zu den mittelgroßen Arten. Sie besitzt einen schlanken Körperbau und einen auffallend spitzen Kopf. Auf der grünen Oberseite zeigt die Art auf Kopf und Nacken und im hinteren Rücken ein rotes Fleckenmuster. Zu beiden Seiten des Kopfes verläuft von der Schnauzenspitze zu den Ohröffnungen ein roter Strich. Die Bauchseitenfärbung besteht aus einem hellen Grau, die Kehle und die Unterseite des Schwanzes sind gelb. Nach HALLMANN (1984) existiert ein Geschlechtsdimorphismus, da die Männchen bunter als die Weibchen sind und eine türkisfarbene Schwanzoberseite aufweisen.

Verbreitung und Lebensraum: *Phelsuma andamanensis* besitzt eine isolierte östliche Verbreitung auf den Andamaneninseln, die zu Indien gehören. Erst 5 000 km südwestlicher stoßen wir auf das eigentliche Verbreitungsgebiet der Gattung *Phelsuma*.

Auf den Andamanen ist die Art aus den Gebieten um Port Blair, Wandur (Südandamanen) und Diglipur (Nordandamanen) bekannt. Die Geckos leben im Flach- und Hügelland und kommen als Kulturfolger auch in Gärten, vornehmlich an Arecanußpalmen und Bananenstauden vor.

Pflege im Terrarium: *Phelsuma andamanensis* pflegen wir paarweise in mittelgroßen Terrarien ab einer Höhe von 70 cm. Die Einrichtung erfolgt in der üblichen Weise mit Yucca-Palmen und Bambusstäben. Die Lufttemperaturen sollten lokal unter einer Wärmequelle (Glühbirne) bis 32 °C erreichen, im übrigen tagsüber um 26 °C und nachts um 20 °C liegen. Durch tägliches Sprühen sollte eine Luftfeuchtigkeit von 60 bis 70% relativer Feuchte angestrebt werden.

Als Futter nehmen die Geckos die übliche Insektenkost an. HALLMANN (1984) weist darauf hin, daß übermäßige Süßigkeitsgaben zu Korpulenz und Trägheit führen.

Nach HALLMANN kleben die Weibchen alle 25 bis 30 Tage ihre Doppeleier in Blattachseln. Bei Temperaturen um 25 °C schlüpfen die Jungtiere nach 62 bis 65 Tagen. Ihre Aufzucht erfolgt einzeln in Kleinstterrarien in der bereits beschriebenen Weise.

Phelsuma astriata astriata
TORNIER, 1901
Kleiner Seychellen-Taggecko (Foto S. 17)

Phelsuma astriata astriata ist die kleinste Art der auf den Seychellen lebenden Phelsumen. Mit einer Länge von maximal 12 cm läßt sich dieser Taggecko auch in kleineren Terrarien gut pflegen.

Beschreibung: *Phelsuma astriata astriata* ist sehr hübsch gefärbt: Sie zeigt auf dem Rücken ein leuchtendes Grün, das zum Schwanz hin in ein Türkis-Blau übergehen kann. Gelbe Augenringe sind mitunter vorhanden, die Kehle wirkt hell und ohne

Zeichnung. Deutliche Unterscheidungs-merkmale zu *P. abbotti pulchra*, mit der *P. a. astriata* auf Mahé den Lebensraum teilt, sind neben der geringeren Größe das immer von einem durchgehenden Streifen getragene orange-rote Fischgrätenmuster auf dem Rücken und die kaum gemusterten Beine, die zu den Füßen in ein Gelb-Orange gehen.

Verbreitung und Lebensraum: *Phelsuma astriata astriata* lebt auf den Inseln der Seychellen. Sie scheint dort auf vielen Inseln heimisch zu sein und teilt sich ihren Lebensraum meist mit einer anderen Art. Nach HOESCH (1982) lebt *P. a. astriata* auf La Digue zusammen mit *P. madagascariensis ladiguensis*, auf Praslin und Curiouse mit *P. madagascariensis sundbergi* und auf Mahé mit *P. abbotti pulchra*. Auf der kleinen Vogelschutzinsel Cousin dagegen lebt nur *P. a. astriata*. Bevorzugter Lebensraum sind Bananen-Pflanzungen; Jungtiere von *P. a. astriata* habe ich häufig in kleinen Kokospalmen und in niedrigem Gebüsch gefunden.

Pflege im Terrarium: Schon in kleineren Terrarien ab 50 cm Höhe und Breite lassen sich *Phelsuma astriata astriata* gut pflegen. Die Lufttemperaturen sollten bei 30 °C tagsüber liegen, nachts darf es bis auf Zimmertemperatur abkühlen. Der Kleine Seychellen-Taggecko sonnt sich gern und benötigt daher viel Licht im Terrarium. Mit zwei Tageslicht-Leuchtstoffröhren und einer zusätzlichen Glühbirne als „Sonnenplatz" genügen wir seinem Lichtbedürfnis. Mehrere dünne Bambusstäbe, die wir im Abstand von einigen Zentimetern zueinander aufstellen,werden gern als Aufenthalts- und Schlafplätze genutzt. Kleine Yucca-Palmen und Sansevierien vervollständigen die Einrichtung. Als Futter reichen wir kleine Insekten und deren Larven; große Wachsmotten und Brummer sind von den zierlichen Geckos schon nicht mehr zu bewältigen.

Verhalten und Zucht: *Phelsuma astriata astriata* sind nicht so aggressiv wie die meisten anderen Phelsumen, so daß sie sich in größeren Terrarien mit gleichgroßen Taggeckos vergesellschaften lassen. Die Fortpflanzung wird wieder vom Männchen eingeleitet, das sich im schönsten Hochzeitskleid dem Weibchen nähert. Findet das Weibchen Gefallen an der Darbietung des Männchens, kommt es zur Paarung. Zum Ende der Trächtigkeit setzt das Weibchen zwei Eier ab, die mit einer Größe von 8 mm recht klein sind. Bei Temperaturen um 28 °C schlüpfen die Jungtiere bereits nach 35 bis 40 Tagen. Sie weisen der geringen Eigröße entsprechend eine Länge von nur 35 mm auf. Nach der ersten Häutung erstrahlen die winzigen Tierchen in einem leuchtenden Grün. Anhand der Färbung können wir auf den Allgemeinzustand der Tiere schließen: Dunkel gefärbte Geckos fühlen sich in der Regel nicht wohl.

Die weitere Aufzucht der Jungtiere erfolgt in den bereits beschriebenen Aufzuchtterrarien. Wir füttern die kleinen Geckos mit *Drosophila* und deren Maden sowie kleinen Wachsmottenraupen. Vor dem Verfüttern bestäuben wir die Futtertiere regelmäßig mit Osspulvit. Mitunter haben wir Problemkinder dabei, die nicht fressen wollen. Ein kleiner „Trick" hat mir hier schon häufig weitergeholfen. Da Phelsumen bekanntlich gern Obstbrei mögen, tupfe ich dem kleinen Gecko mit dem Stiel eines Plastiklöffels etwas Bananenbrei auf die Schnauzenspitze. Das Tierchen leckt sich die Schnauzenspitze ab und nimmt auf diese Weise etwas zu sich. Ich verwende für diesen Zweck die fast flüssigen Obstbreis für die Babyernährung, zum Beispiel „Banane in Apfel" von Hipp. Um den Obstbrei noch gehaltvoller zu machen, sollten wir auch hier Vitaminkalk (Osspulvit) zumischen.

In der Regel bereitet die Aufzucht der jungen *Phelsuma astriata astriata* keine Probleme. Bei guter Pflege erreichen sie im Alter von etwa 15 Monaten ihre Geschlechtsreife.

Phelsuma barbouri

LOVERIDGE, 1942 (Foto S. 18)

Beschreibung: *Phelsuma barbouri* gehört zu den weniger bekannten Arten, was auch auf ihre eher unscheinbare Färbung zurückzuführen sein dürfte. Die Tiere zeigen zur dunkelgrünen Grundfärbung zwei dunkelbraune Dorsolateralstreifen, die von der Schnauzenspitze bis an den Schwanzansatz reichen.

Auf dem Kopf und im Nacken wird die dunkelgrüne Grundfärbung von einer braunen Strich- und Punktzeichnung weitgehend überdeckt. Je ein dunkelbrauner Flankenstreifen verläuft von der Schnauze über die Augen und Ohröffnungen bis an die Hinterbeinbeuge. Der Schwanz ist dunkelgrün und weist stark gekielte Schuppen auf. Die Gliedmaßen sind oberseits dunkelbraun gefärbt, der Bauch ist grau. Die Männchen erreichen eine Gesamtlänge von 15 cm, die Weibchen bleiben zwei Zentimeter kleiner. *Phelsuma barbouri* besitzt eine für Phelsumen ungewöhnliche bodenbewohnende Lebensweise.

Verbreitung und Lebensraum: *Phelsuma barbouri* kommt in Zentral-Madagaskar im Ankaratra-Massiv vor. Die Geckos leben dort zwischen Steinen im grasbewachsenen Hochland. Das Klima ist geprägt von einer intensiven Sonneneinstrahlung tagsüber mit Temperaturen bis 30 °C. Nachts dagegen ist es kühl und aufgrund des starken Temperaturrückganges nebelig und feucht.

Pflege im Terrarium: Trotz der bodenbewohnenden Lebensweise sollte das Terrarium auch mit einigen schräg vom Boden aufragenden Ästen ausgestattet werden, da die Geckos nach Beobachtungen von HENKEL und SCHMIDT (1992) gern klettern. Den natürlichen Klimabedingungen entsprechend benötigt *Phelsuma barbouri* eine starke nächtliche Temperaturabsenkung auf etwa 18 °C. Die Tagestemperaturen dürfen 30 °C erreichen. Abends sollte das Terrarium noch einmal übersprüht werden, damit in der Nacht hohe Luftfeuchtigkeitswerte vorliegen. Als Futter nimmt *Phelsuma barbouri* neben der üblichen Insektenkost auch süßes Obst und Obstbrei (Babynahrung) an.

Die Weibchen kleben ihre Doppeleier in Hohlräume von übereinandergeschichteten flachen Steinen. Über die Aufzucht von Jungtieren liegen zur Zeit noch keine näheren Angaben vor. HENKEL und SCHMIDT (1992) weisen darauf hin, daß die Jungtiere im Terrarium gezeitigt werden können, da sie von den adulten Tieren nicht behelligt werden.

Phelsuma borbonica borbonica
MERTENS, 1966

Beschreibung: Bei *Phelsuma barbonica borbonica* handelt es sich um eine mittelgroße Phelsume. Die Männchen erreichen eine Gesamtlänge von 160 mm, die Weibchen bleiben mit etwa 120 mm deutlich kleiner. Farblich zeichnet sich die Art durch eine große Varibialität aus. LEHR (1992) beschreibt Tiere von der Ostküste der Insel Réunion. Das Spektrum der dort vorkommenden Farbvarianten reicht von blaugrün bis grünbraun gefärbten Formen. Auf dem blaugrünen bis grünbraunen Rücken zeigen die Tiere eine Viererreihe von unregelmäßig ausgebildeten rotbraunen Flecken. Der Kopf ist in der Regel dunkelbraun abgesetzt.

Die Oberseite des Schwanzes weist ebenfalls große rotbraune Flecken auf, die manchmal zu einer angedeuteten Querbänderung auseinderlaufen können. Zwei grünbraune bis türkisfarbene Dorsolateralbänder sind in beiden Geschlechtern vorhanden. Unterhalb der Dorsolateralbänder besitzen die Männchen mehr oder weniger rot gefleckte Flanken. Die türkisfarbenen bis grünbraunen Beinoberseiten können rot, grün oder hellbraun gesprenkelt aussehen. Die Färbung der Weibchen ist noch variabler als die der Männchen. Manche sind recht unscheinbar überwiegend braun gefärbt, während andere derart intensive Farben zeigen, daß man sie zunächst für Männchen halten könnte. Die Geschlechter lassen sich daher nur an der unterschiedlichen Größe adulter Tiere unterscheiden.

Verbreitung und Lebensraum: *Phelsuma borbonica borbonica* lebt endemisch auf der Maskareneninsel Réunion. Diese tropische Insel besitzt aufgrund ihrer bis zu 3000 m hohen Gebirge unterschiedliche Klimazonen. An der Ostküste, an der das ganze Jahr regelmäßige Niederschläge auftreten, wächst teilweise dichter Regenwald. Die Westküste ist dagegen deutlich regenärmer.

Im Südsommer (Dezember bis April) wird das Klima durch die Regenzeit mit ergiebigen Regenfällen geprägt. Die Lufttemperaturen liegen in diesen Monaten um 30 °C tagsüber und bei 22 °C in der Nacht. Im Südwinter (unsere Sommermonate) ist es trockener und kühler. Die Temperaturen erreichen Höchstwerte um 28 °C, nachts kann es auf unter 20 °C abkühlen.

LEER (1992) weist darauf hin, daß es sich entgegen der bisherigen Meinung bei *Phelsuma borbonica borbonica* nicht um eine Art handelt, die ausschließlich höhere Lagen (ab 400 m) bewohnt. Er fand die Tiere an der Ostküste in Höhenlagen ab 150 m an stark mit Farnen und Epiphythen bewachsenen hohen Bäumen.

Pflege im Terrarium: *Phelsuma borbonica borbonica* benötigt mittelgroße Terrarien ab einer Höhe von 80 cm. Entsprechend der baumbewohnenden Lebensweise sollten senkrecht und schräg verlaufende Äste und Bambusstäbe verwendet werden. Eine dichte Bepflanzung mit rankenden Gewächsen *(Scindapsus, Ficus)* und Epiphythen wird den Bedürfnissen der Art entgegenkommen.

Die Männchen sind untereinander aggressiv, so daß wir die Tiere paarweise pflegen sollten, wobei in großen Terrarien mehrere Weibchen mit einem Männchen leben können.

Die Temperaturen sollten in den oben aufgezeigten Bereichen liegen und die jahreszeitlichen Schwankungen berücksichtigen. Wichtig ist eine hohe Luftfeuchtigkeit von 70 bis 90 % relativer Feuchte, die sich durch tägliche imitierte „Regenfälle" (evtl. per Sprühanlage) herstellen läßt. Hierbei ist jedoch darauf zu achten, daß keine stauende Nässe entsteht. Teilbereiche des Terrariums müssen im Tagesverlauf abtrocknen, gegebenenfalls kann hierfür ein Kleinventilator für etwa 2 Stunden am Tag betrieben werden.

Als Futter bieten wir *Phelsuma borbonica borbonica* die übliche Insektenkost und mit Vitaminkalk vermengten Bananenbrei an.

Über die Zucht dieser hübschen Phelsume liegen zur Zeit leider noch keine Erfahrungsberichte vor, was wohl darauf zurückzuführen ist, daß *Phelsuma borbonica borbonica* bisher nur selten in Liebhaberterrarien gepflegt worden ist.

Phelsuma borbonica agalegae
CHEKE, 1975

Beschreibung: *Phelsuma borbonica agalegae* gehört mit einer Gesamtlänge von 12 cm zu den kleineren Arten. Im Aussehen ist diese Phelsume recht variabel. MEIER (1990) beschreibt zwei extrem verschiedene Farbmuster, die er auf der Insel Agalega vorfand. Eine Form besitzt einen grünen Rücken mit verwaschener marmorierter Rotzeichnung, der Kopf setzt sich hellgelb ab. Die im Regelfall vorhandenen weißgrauen Dorsolateralbänder können bei

dieser Form grün eingefärbt sein. Die zweite Form sieht dunkelbraun aus mit undeutlicher roter Punktierung. Der gelbbraune Kopf setzt sich farblich ab, zwei weißgraue Dorsolateralbänder sind vorhanden. Die braune Variante ist seltener als die grüne. Ob eine Umfärbung der grünen zur braunen Form möglich ist, konnte MEIER nicht abschließend beantworten.

Unabhängig von der Rückenfärbung variieren auch weitere Zeichnungsmuster wie der Braunanteil auf Kopf und Vorderrücken, der blaue Augenring und der blaue Querstrich auf der Kopfoberseite. Die Bauchseite ist dunkelgrau, mitunter mit bräunlicher Einfärbung. Kopf und Schwanzunterseite sind bei einigen Tieren heller oder dunkler abgesetzt. Die Schwanzoberseite kann eine Blaufärbung aufweisen, die bei den Männchen intensiver ist. Für die Prachtfärbung benötigt *Phelsuma borbonica agalegae* nach MEIER (1990) eine sehr hohe Lichtintensität.

Verbreitung und Lebensraum: *Phelsuma borbonica agalegae* lebt nur auf der kleinen Insel Agalega, einem Koralleneiland im Indischen Ozean, das ganze 13 km groß ist. Agalega gehört zu Mauritius, wenngleich es fast 1000 km entfernt ist. Geographisch näher liegen in südwestlicher Richtung die Seychellen.

Auf den beiden flachen Koralleninseln von Agalega kommen die Geckos an Kokospalmen und an den großblättrigen Terminalia catappa vor, die an Mangobäume erinnern. Im mangrovenähnlichen, etwa 2 m hohen Strauchwerk der Strandregion konnte MEIER keine Phelsumen feststellen.

Pflege im Terrarium: *Phelsuma borbonica agalegae* können wir paarweise in Terrarien ab einer Größe von 50 · 50 · 80 cm (Länge · Breite · Höhe) pflegen. Die Einrichtung erfolgt in der üblichen Weise mit Yucca-Palmen oder Sansevierien und Bambusstäben. Die recht wärmebedürftigen Phelsumen benötigen tagsüber Temperaturen um 28 °C, nachts sollte es nicht unter 22 °C abkühlen. Im natürlichen Lebensraum legen die Geckos nach Beobachtungen von MEIER zwischen 11.00 und 16.00 Uhr Aktivitätspausen ein. Wahrscheinlich verbringen sie die heißen Mittagsstunden mit Temperaturen um 33 °C in schattigen Verstecken. *Phelsuma borbonica agalegae* stellt hohe Ansprüche an die Lichtintensität. Mindestens zwei Leuchtstoffröhren sollten bei einem Terrarium in der genannten Größe zum Einsatz kommen. Die Luftfeuchtigkeit sollte tagsüber bei 50 bis 60% relativer Feuchte liegen und in der Nacht auf Werte bis 80% ansteigen. Als Futter reichen wir den Geckos die übliche Insektenkost mit regelmäßiger Zugabe eines Kalkvitaminpräparates.

Die Weibchen legen ihre Gelege mit zwei Eiern in Rindenspalten und ähnlichen Verstecken ab. MEIER fand ein Gelege mit acht Eiern, die offenbar von mehreren Weibchen stammten, unter der Borke einer Kokospalme in 50 cm Höhe. Solche Sammelablageplätze an geeigneten Stellen sind von mehreren Phelsumenarten bekannt. Auf der Seychelleninsel Mahé stellte ich diese Sammelablageplätze auch bei *Phelsuma abotti pulchra* fest. Offenbar bevorzugen trächtige Weibchen für die Eiablage Stellen, an denen bereits unversehrte Eier liegen, da hier die Chance für eine erfolgreiche Gelegeentwicklung augenscheinlich gut ist.

Phelsuma breviceps
BOETTGER, 1894
Kurzkopf-Taggecko   (Foto S. 17)

Beschreibung: Die plump wirkende Kurzkopfphelsume kann bis 12 cm lang werden. Der kurze Kopf geht scheinbar halslos in den Rumpf über. Die Grundfarbe ist hellbraun, die Bauchseite schmutzig weiß mit ungleichen dunklen Pünktchen. Auf dem Rücken verlaufen 5 Reihen mit ovalen hellgrünen Punkten, in der Schultergegend manchmal auch als grüne Striche, die zum Schwanz hin zusammenlaufen und dort in eine Querbänderung übergehen. Ein etwa 3 mm breiter, heller Kopfseitenstreifen, der zwischen Nasenöffnung und Auge beginnt und etwa in Höhe der Vorderbeine endet, verläuft unterhalb des Auges. Bei Nacht erscheinen die Farben heller und kontrastreicher. Im übrigen ist sie eine sehr uneinheitlich gezeichnete Phelsume. Auffallend bei Wildfängen ist, daß fast alle Tiere Schwanzregenerate tragen.

Oben: Phelsuma madagascariensis kochi.
Unten links: Phelsuma mutabilis.
Unten rechts: Phelsuma ornata ornata.

<u>Verbreitung und Lebensraum</u>: *Phelsuma breviceps* kommt im Südwesten Madagaskars vor, zwischen Tulèar und Kap Saint Marie, im flachen Küstenbereich (5 bis 30 m über NN). Die Geckos leben dort in der Dornensteppensavanne in Euphorbien-Sträuchern und bevorzugen dabei offensichtlich die langdornigen *Euphorbia stenoclada*, die bis 3 m Höhe erreichen können. Die Dornenwaldsteppe Südwestmadagaskars gilt als trockenste Region Madagaskars. Das vorherrschende Durchschnittsklima liegt bei 28 °C tagsüber (bei 50% relativer Luftfeuchte) und nachts bei 20 °C (bei 90%! relativer Luftfeuchte).

<u>Pflege im Terrarium</u>: Diese Phelsume sollte paarweise in Terrarien ab einer Größe von 25·50·25 cm gehalten werden, obwohl sich mehrere vergesellschaftete Pärchen eigenartigerweise nicht streiten.

Als Hauptpflanze eignet sich natürlich eine Euphorbie oder Aloe. Der Bodengrund kann aus Quarzsand (0,5 bis 1 mm) bestehen. Durch Bestrahlen mit einer Halogenlampe (z.B. Sylvania Spot 240 V/75 W) beleuchten wir das Terrarium und erwärmen den Baumstamm-„Sonnenplatz" auf 30 bis 35 °C tagsüber. Nachts lassen wir es auf etwa 20 °C abkühlen und erhöhen gleichzeitig die Luftfeuchtigkeit mittels eines Wasserzerstäubers auf Werte um 90%.

Als Futter reichen wir zweimal wöchentlich Wachsmotten, Heimchen, Essigfliegen, Bohnenkäfer oder Spinnen. Die Geckos dürfen nicht zu reichlich gefüttert werden (wenig „Süßigkeiten" wie Bananenbrei), da sie schnell zur gesundheitschädlichen Verfettung neigen!

<u>Verhalten und Zucht</u>: Bei *Phelsuma breviceps* handelt es sich um ruhige und sehr sympathisch wirkende Tiere. Unter den dargestellten Terrarienbedingungen wird etwa alle 3 Wochen von Dezember bis Juni zumeist ein Doppel-Ei abgelegt (diese Taggecko-Art zählt zu den Ei-Freilegern und nicht zu den Ei-Klebern). Bei 25 bis 26 °C Dauerzeitigungstemperaturen schlüpfen die Jungtiere nach 55 bis 60 Tagen. Die Aufzucht der Jungtiere mit Kleininsekten bei Einzelhaltung in Kleinstterrarien gelingt sehr gut.

Sehr vorteilhaft für die Kurzkopf-Taggeckos ist eine Freilufthaltung zur Sommerzeit. Die Drahtgaze-Terrarien können der direkten Sonneneinstrahlung ausgesetzt werden.

Die Freilufthaltung fördert die Farbintensität, die Konstitution und macht zusätzliche Vitamingaben überflüssig. Die Freiluftterrarien sollten von oben gegen Regen geschützt werden. Die Tiere können sogar noch bei 8 bis 10 °C nachts draußen gelassen werden, besonders wenn tags sonnige Hochdruckwetterlagen zu erwarten sind.

Oben: Phelsuma ornata inexspectata.
Mitte rechts: Phelsuma quadriocellata, Augenfleck-Taggecko.
Mitte links: Mit einer Länge von 9 cm zählt Phelsuma pusilla zu den kleinsten Phelsumen.
Unten: Phelsuma robertmertensi in Prachtfärbung.

Phelsuma cepediana
MERREM, 1820
Blauschwanz-Taggecko   (Foto S. 27)

Die Blauschwanz-Phelsumen gehören zu den buntesten Taggeckos. Besonders die Männchen zeigen sich in einer kaum zu beschreibenden Farbenpracht in Rot, Blau und Grün.

Beschreibung: *Phelsuma cepediana* gehört mit einer Länge bis zu 15 cm zu den mittelgroßen Phelsumen. Weibchen bleiben in der Regel kleiner. Die Prachtfärbung, die diesen Taggeckos ihren populären Namen verlieh, ist den Männchen vorbehalten. Zur Paarungszeit oder bei innerartlichen Auseinandersetzungen erstrahlen die Männchen in einem leuchtenden Blau. Außerhalb der Paarungszeit zeigen sich die Männchen häufig grün, so daß die Blaufärbung nicht als geschlechtsspezifisches Unterscheidungsmerkmal benutzt werden kann. Es gibt aber andere Färbungsunterschiede, an denen wir die Geschlechter erkennen können. Die Weibchen weisen einen unterhalb des Auges bis zum Vorderbein verlaufenden weißen Streifen auf, der bei den Männchen grün ist. Die Bauchseite der Geckos zeigt sich bei den Weibchen meistens in einem helleren Grünton. Bei den Männchen finden wir schließlich die Geschlechtsmerkmale, die auch für andere Phelsumen-Männchen typisch sind: Sie besitzen einen breiteren Kopf, eine dickere Schwanzwurzel und große, nach hinten abstehende Schenkelporen an den Hinterbeinen.

Verbreitung und Lebensraum: *Phelsuma cepediana* leben auf den Maskareneninseln Mauritius und Réunion. Nach NIJHUIS (1979) bewohnen sie auf Mauritius höher gelegene, feuchte Regionen. Dort findet man sie an Palmen und Bananenstauden, aber auch an Häusern und in Stallungen. WARECKA (1981) führt an, daß *P. cepediana* das Fehlen der ursprünglichen Vegetation auf Mauritius gut verkraftet hat und daher relativ häufig anzutreffen ist.

Pflege im Terrarium: Meine Blauschwanz-Taggeckos leben paarweise in Terrarien von 60 cm Breite und Höhe, bei einer Tiefe von 40 cm. Die Einrichtung besteht aus senkrecht befestigten Bambusstäben, Yucca-Palmen und kleinen Gummibäumen. Temperaturen von 25 bis 28 °C sind für *P. cepediana* ausreichend; die Luftfeuchtigkeit sollte mit 70 bis 80% relativer Feuchte ein wenig höher liegen als bei den bereits genannten Arten. Durch tägliches Sprühen und einen feuchtigkeitsspeichernden Bodengrund (Torfplatten) können wir die Luftfeuchtigkeit im gewünschten Bereich einstellen.

An Futter bewältigen die Geckos Insekten bis zur Größe eines halbausgewachsenen Heimchens; daneben lecken sie gern an Bananenbrei.

Verhalten und Zucht: Männchen von *Phelsuma cepediana* sind untereinander äußerst unverträglich. Diese Aggressivität dient der Revierverteidigung: In der freien Natur wird ein in ein fremdes Revier eindringendes Männchen vom Revierinhaber sofort in die Flucht geschlagen. In einer Versuchsanordnung habe ich einmal herauszufinden versucht, ob es zutrifft, daß die Aggressivität vom Revierbesitz abhängig ist. Ich hatte drei Terrarien mit je einem Paar der Taggeckos besetzt. Nun nahm ich ein Männchen aus seinem Terrarium heraus und setzte es in eines der anderen Terrarien.

Im fremden Revier verliert das Tier sofort seine leuchtende Färbung und erscheint fast einfärbig schmutziggrün. Das revierbesitzende Männchen nähert sich dem Kontrahenten mit abgeflachtem Oberkörper und wendet ihm die leuchtende Oberseite zu; dabei streckt es seine Zunge bis zum Äußersten heraus. In dieser Stellung verharrt das Männchen für einige Sekunden.

Dann zuckt es mit seinem Kopf und bewegt den Schwanz in weiten Schwingungen hin und her. Das revierfremde Männchen hält einen Moment stand, ohne das Drohritual des Revierinhabers zu beantworten. Dann flüchtet es panikartig in die Bepflanzung. Das Reviermännchen setzt nach und bekommt den Flüchtling zu fassen. Ich trennte die Tiere, bevor sie sich ineinander verbeißen konnten.

Später habe ich diesen Versuch mit vertauschten Rollen durchgeführt. Diesmal setzte ich das im ersten Versuch siegreiche Männchen in das fremde Revier. Jetzt zeigte sich der damalige Verlierer überlegen und schlug den Eindringling in die Flucht.

Entscheidend für Sieg oder Niederlage bei der Revierverteidigung ist demnach nicht die körperliche Stärke eines Männchens. Durch den Besitz eines Revieres fühlt sich ein Männchen stark und zur Aggression gegen andere, arteigene Männchen berechtigt. Durch das ritualisierte Seitwärtsdrehen demonstriert der Revierinhaber seine Überlegenheit und Bereitschaft zum Kampf. In aller Regel reicht diese Demonstration der Stärke, um beim

revierfremden Männchen Fluchtverhalten auszulösen. In der freien Natur kann das unterlegene Tier das Revier des dominanten Revierinhabers verlassen. Im Terrarium ist das oft nicht möglich. Die Folge ist ein in der Natur nicht üblicher (weil nicht nötiger) Verletzungskampf.

Ein ähnliches Verhalten wie bei der Revierverteidigung zeigt das Männchen bei der Balz: Es präsentiert dem Weibchen die leuchtend gefärbte Oberseite und nähert sich dann mit schnellen Zuckungen des Oberkörpers. Ist das Weibchen paarungswillig, beantwortet es die „zitternde Erregung" des Männchens und läßt es herankommen. Das Männchen beißt sich nun in der Regel im Nacken des Weibchens fest, um sich mit ihm zu verpaaren. Mitunter erfolgt die Paarung auch ohne Nackenbiß.

Aufzucht der Jungtiere: Aus den beiden vom Weibchen abgesetzten Eiern schlüpfen die Jungtiere bei einer Zeitigungstemperatur von 28 °C nach etwa 40 Tagen. Sie sind anfangs knapp 4 cm groß. Wir setzen sie einzeln in kleine Aufzuchtterrarien, die wir mit einem Stück von einer Scindapsusranke bepflanzen. Die Jungtiere benötigen eine Wärme von 25 bis 28 °C und eine höhere Luftfeuchtigkeit von 70 bis 80% relativer Feuchte.

An Futter reichen wir Kleinstinsekten wie *Drosophila* und frischgeschlüpfte Heimchen. Für die ersten Freßversuche sind Drosophilamaden gut geeignet, da sie den noch unbeholfenen Junggeckos nicht weglaufen können. Mit Bananenbrei runden wir die Speisekarte ab. Bei regelmäßiger Zugabe von Vitaminkalk, den wir unter den Bananenbrei mischen oder mit den Futtertieren verabreichen können, wachsen die Geckos schnell heran. Einmal in der Woche sollten wir die Junggeckos für 5 bis 10 Minuten mit der Osram-Vita-Lux-Lampe bestrahlen.

Phelsuma dubia
BOETTGER,1881

Beschreibung: *Phelsuma dubia* erreicht eine Gesamtlänge von 15 cm. Die Grünfärbung der Oberseite ist abhängig von der Lichteinstrahlung: In der Sonne oder bei ausreichender Beleuchtung wirken die Tiere grün, bei unzureichender Beleuchtung dagegen olivgrün bis grau. Auf dem Rücken befindet sich eine unregelmäßige braune bis rotbraune Fleckung, die sich bis auf den Schwanz fortsetzt. Die Schwanzschuppen sind stumpf gekielt. Ein dunkles Lateralband ist vorhanden. Es ist aber nur bei grün gefärbten Tieren deutlich zu erkennen. Die Bauchseite und die Kehle von *Phelsuma dubia* sind hellgrau gefärbt.

Verbreitung und Lebensraum: *Phelsuma dubia* besitzt auf Madagaskar nach MEIER (1982 a) ein recht kleines Verbreitungsgebiet mit der größten Populationsdichte um Majunga (Mahajanga).Auf der Insel Nossi Bé kommt die Art nur vereinzelt vor.

Etwas häufiger als auf Madagaskar kommt *Phelsuma dubia* auf der Komoreninsel Majotte vor. Auch auf den anderen Komoreninseln ist die Art anzutreffen, wobei sie auf Grande Comore ihre höchste Populationsdichte erreicht. MEIER stellt fest, daß *Phelsuma dubia* mit zunehmender Entfernung von Madagaskar häufiger wird, so daß man annehmen kann, daß sie ihren Ursprung auf Grande Comore hat. Darüberhinaus ist *Phelsuma dubia* auch auf Sansibar und im Küstengebiet von Tansania anzutreffen. Die Geckos leben in Waldgebieten, bevorzugt an Kokospalmen.

Pflege im Terrarium: *Phelsuma dubia* benötigt mittelgroße Terrarien ab einer Höhe von 70 cm. Als Einrichtung sind Sansevierien, Yucca-Palmen und senkrecht montierte Bambusstäbe zu empfehlen. Die Lufttemperatur sollte lokal bis 30 °C, im übrigen bei 25 °C liegen, bei nächtlicher Abkühlung auf Zimmertemperatur. Nur bei ausreichender Beleuchtung zeigt *Phelsuma dubia* einen ansprechenden Grünton. Die Luftfeuchtigkeit sollte tagsüber zwischen 60 und 70% relativer Feuchte liegen (einmal täglich sprühen).

Phelsuma dubia klebt ihr aus zwei Eiern (Doppelei) bestehendes Gelege vornehmlich an Rindenstücke. Soweit es nicht möglich ist, die Eier von der Unterlage zu lösen, können sie im Terrarium belassen werden. Gegen Zerstörung und zur Sicherheit der ausschlüpfenden Jungen sollte das Gelege allerdings mit einer Gazehaube (Teesieb) gesichert werden. Die anfangs knapp 5 cm großen Jungtiere schlüpfen bei einer Zeitigungstemperatur von 28 °C nach etwa 50 Tagen aus.

Phelsuma flavigularis
MERTENS,1962
Gelbkehl-Taggecko   (Foto S. 28)

Beschreibung: Bei *Phelsuma flavigularis* handelt es sich um eine seltene Art, die nur eine kleine lokale Verbreitung besitzt. Die bis zu 16 cm großen Tiere präsentieren sich oberseits leuchtend grün. Bei starkem Lichteinfall können sich Partien am Kopf und im Nacken himmelblau verfärben, wodurch die Tiere besonders prachtvoll aussehen. Auf dem Kopf befinden sich meist vier rote Querstreifen, während der Nacken drei, teilweise unterbrochene rote Längsstreifen aufweist. Ein bis auf den Schwanz reichendes rotes Punktmuster schmückt den Rücken. Ihren populären Namen „Gelbkehlen-Taggecko" verdankt die Art ihrer leuchtend gelben Kehlfärbung.

Die Hautschuppen auf der Oberseite besitzen deutlich ausgeprägte Kiele. An den Flanken sind die Schuppen stark vergrößert. Der abgeflachte Schwanz ist seitlich abgekantet und zeigt eine sägenartige Schuppenanordnung.

Verbreitung und Lebensraum: Bisher ist *Phelsuma flavigularis* nur von einem Fundort im Osten Madagaskars bekannt, einem Waldstück in der Nähe von Perinet. Dieser Fundort zeichnet sich durch starke und häufige Regenfälle mit dementsprechend hoher Luftfeuchtigkeit aus. Es gibt jahreszeitlich bedingte Klimaunterschiede (siehe *Phelsuma quadriocellata*). In den heißen Monaten werden tagsüber 30 °C erreicht, nachts gehen die Temperaturen auf unter 20 °C zurück. In den kühlen Monaten Juli und August sinkt die nächtliche Temperatur bis auf 10 °C ab.

Pflege im Terrarium: Für die erfolgreiche Pflege von *Phelsuma flavigularis* ist es erforderlich, die dargestellten klimatischen Bedingungen nachzuahmen. In einem Regenwaldterrarium sollte das mit Einsatz von technischen Hilfsmitteln (Sprühanlage, elektronisch gesteuerte Tages- und Nachtrhythmen mit jahreszeitlichen Klimaschwankungen) kein Problem sein. Natürlich muß man kein Computerfreak sein, um *Phelsuma flavigularis* pflegen zu können. Die erforderlichen Haltungsbedingungen lassen sich auch in altbewährter Art und Weise herstellen.

Im Futter sind die Geckos nicht wählerisch. Nach ZOBEL (1986) werden Heimchen, Grillen, Wachsmaden und andere Insekten angenommen. Die Futtertiere sollten regelmäßig mit Kalk- und Vitaminpräparaten angereichert werden. Es bleibt zu hoffen, daß *Phelsuma flavigularis* aufgrund regelmäßiger Nachzucht eine weitere Verbreitung in den Liebhaberterrarien finden wird.

Phelsuma guimbeaui
MERTENS, 1963
Guimbeaus Taggecko   (Foto S. 27)

Beschreibung: Bei *Phelsuma guimbeaui* handelt es sich um einen mittelgroßen Taggecko. Die Männchen erreichen eine Gesamtlänge von 15 cm, die Weibchen bleiben mit 12 cm deutlich kleiner. Die Art ist bei Wohlbefinden oberseits leuchtend grün gefärbt. Zwei rote Dorsolateralstreifen und ein roter Mittelstreifen verleihen den Tieren ein ansprechendes Aussehen. Der Mittelstreifen geht auf dem Rücken in eine rote Fleckenzeichnung über, die sich auch über den Schwanz erstreckt.

Als ein charakteristisches Merkmal ist eine Schlaufe anzusehen, die im Nacken durch Auseinanderlaufen des Rückenstreifens entsteht. TRAUTMANN (1992) weist darauf hin, daß die südwestliche Population von Grande Case Noyale bis Baie de

Cape nur eine reduzierte Schlaufe zeigt, diese aber im Nacken blau unterlegt ist. Die Unterseite von *Phelsuma guimbeaui* ist schmutzig weiß gefärbt, die Kehle und die Kloakenregion setzen sich gelb ab. Auf der Kehle befinden sich zwei bis drei dunkle V-Zeichen.

Die Jungtiere zeigen eine graubraune Jugendfärbung mit heller Punktierung. Erst ab dem sechsten Lebensmonat beginnen sie sich umzufärben.

Die Unterart *Phelsuma guimbeaui rosagularis* sieht der Nominatform sehr ähnlich. Sie unterscheidet sich lediglich durch blassere Farben und das Fehlen der V-Zeichnung auf der rosafarbenen Kehle.

Verbreitung und Lebensraum: *Phelsuma guimbeaui* kommt nur auf Mauritius vor. Die Art lebt an einigen Stellen entlang der Westküste von Pailles im Nordwesten über Tamarin und den Casela Bird Park bis Baie du Cap im Südwesten.

Die genannte Verbreitung liegt im trockeneren und wärmeren Teil der Insel. Bevorzugte Aufenthaltsplätze von *Phelsuma guimbeaui* sind Kokospalmen und andere Bäume sowie hohes Gebüsch. An einigen Orten kommt die Art gemeinsam mit *Phelsuma cepediana* und *Phelsuma ornata ornata* vor.

Phelsuma guimbeaui rosagularis ist bisher nur in den Bergwäldern von Macabé und Les Mares gefunden worden.

Pflege im Terrarium: *Phelsuma guimbeaui* läßt sich in mittelgroßen Terrarien ab einer Höhe von 60 cm pflegen. Die Einrichtung besteht aus robusten Pflanzen wie zum Beispiel Yucca-Palmen oder Sansevierien, auf deren glatten Blättern sich die Geckos gern aufhalten. Senkrecht im Terrarium befestigte Bambusstäbe werden ebenfalls gern angenommen. Es empfiehlt sich, über den Bambusstäben in der Terrarienabdeckung eine Glühbirne zu installieren, um den wärmebedürftigen Phelsumen einen „Sonnenplatz" anzubieten. Die Lufttemperaturen sollten tagsüber lokal 30 °C erreichen, nachts darf es auf 20 °C abkühlen.

Wenn der Bodengrund aus feuchtgehaltener Hydrokultur besteht, reicht es aus, wenn das Terrarium einmal täglich mit Wasser übersprüht wird, um die Luftfeuchtigkeit tagsüber bei 60 bis 70% relativer Feuchte zu halten.

Phelsuma guimbeaui nimmt die üblichen Futterinsekten bis zur Heimchengröße an. Zusätzlich sollte einmal wöchentlich etwas Obstbrei (Babynahrung) angeboten werden. Die Futtertiere und der Obstbrei werden regelmäßig vitaminisiert.

Nach TRAUTMANN (1992) beginnt die Fortpflanzungszeit im März und erstreckt sich bis in den September. Die Doppeleier werden in Blattachseln, gelegentlich auch an die Terrarienscheiben geklebt. Bei der Zeitigung der Gelege sollten verschiedene Temperaturbereiche gewählt werden, da bei einheitlichen Temperaturen um 32 °C fast nur Männchen schlüpfen, bei niedrigeren Dauertemperaturen um 26 °C dagegen in der Regel Weibchen, was OSADNIK (1987) für *Phelsuma dubia* nachwies.

Die Jungtiere schlüpfen temperaturabhängig nach 60 bis 90 Tagen und sind anfangs knapp 4 cm groß. Ihr Wachstum verläuft relativ langsam, so daß die Nachzuchten erst mit 18 bis 20 Monaten die Geschlechtsreife erreichen.

Phelsuma guttata
KAUDERN, 1922   (Foto S. 28)

Beschreibung: Mit einer Gesamtlänge von 13 cm gehört Phelsuma guttata eher zu den kleineren Arten. Dieser Eindruck wird noch durch ihren schlanken Habitus verstärkt. Die Oberseitenfärbung besteht aus einem dunklen Grün, die tropfenförmige Rotfärbung beginnt häufig erst im hinteren Rückenbereich. Die Flanken zeigen sich braungebändert, die Beinoberseiten sind ebenfalls braun mit hellen Flecken.

Der braune Zügelstreifen, der von der Schnauzenspitze bis an die Ohren reicht, ist weniger deutlich und auch schmäler als bei Phelsuma seippi. Die Bauchseite zeigt sich im Gegensatz zu Phelsuma seippi grau. MEIER (1987) erwähnt als ein weiteres Unterscheidungsmerkmal noch die Beschuppung: Die Rückenschuppen sind bei Phelsuma guttata glatt, bei Phelsuma seippi von vorn nach hinten zunehmend stärker gekielt. Als ein charakteristisches Merkmal von Phelsuma guttata nennt MEIER die Beschuppung auf der Kopfunterseite, wo sechs bis zehn stark vergrößerte Schuppen eine Gruppe kleiner Schuppen kranzartig umschließen. Auf der Kehle befinden sich wie bei Phelsuma seippi mehrere dunkle V-Zeichen.

Verbreitung und Lebensraum: Phelsuma guttata ist nur von der Ostküste Madagaskars bekannt (Sainte Marie, Nosy-Mangabe). Die Art kommt als reiner Waldbewohner nur in geschlossenen Waldgebieten vor.

Pflege im Terrarium: Phelsuma guttata benötigt ein feuchtes Terrarium (Regenwaldterrarium) mit Feuchtigkeitswerten von 75% relativer Feuchte tagsüber und um 85% in der Nacht. Als Waldbewohner meidet Phelsuma guttata direkte Sonneneinstrahlung, was beim Standort des Terrariums berücksichtigt werden sollte. Tageshöchsttemperaturen von 25 °C sollten nicht überschritten werden.

In einem dicht bepflanzten Terrarium mit verzweigtem Astwerk und Bambusstäben fühlt sich Phelsuma guttata wohl. Der Bodengrund aus Torf oder Hydrokultur sollte ständig feuchtgehalten werden, zusätzlich ist das Terrarium ein- bis zweimal täglich zu besprühen.

Phelsuma guttata setzt seine Gelege am Boden unter Laub ab. Nach HENKEL und SCHMIDT (1992) schlüpfen die Jungen bei Zeitigungstemperaturen um 28 °C nach 40 bis 45 Tagen. Sie sind anfangs 4,5 cm groß und werden in der zum Beispiel bei Phelsuma laticauda beschriebenen Weise aufgezogen. Die Jungtiere benötigen anfangs eine noch höhere Luftfeuchtigkeit als die erwachsenen Tiere (ca. 85% relative Feuchte). Dennoch darf keine Stickluft entstehen. Es ist daher zu empfehlen, die gut belüfteten Aufzuchtbehälter in das Terrarium der Elterntiere zu stellen, um möglichst optimale Aufzuchtbedingungen zu schaffen. Die Geschlechtsreife erreichen die Nachzuchten bei guter und abwechslungsreicher Ernährung nach etwa einem Jahr.

Phelsuma klemmeri
SEIPP, 1991   (Foto S. 45)

Beschreibung: Bei Phelsuma klemmeri handelt es sich um eine neuentdeckte Art, die von SEIPP (1991) beschrieben worden ist. Die Tiere sind mit einer Gesamtlänge von 9 cm sehr klein und zeichnen sich durch einen schmalen Körper und einen sehr spitz zulaufenden Kopf aus. Der gelbe Kopf setzt sich farblich vom türkisfarbenen Rumpf ab, wodurch die Art an einen Vertreter der Gattung *Gonatodes* erinnert. Durch einen sehr breiten dunkelbraunen bis rötlichbraunen Rückenstreifen, der sich bis auf den Schwanz fortsetzt und dort zunehmend heller wird, wird die türkise Rumpffärbung bis auf zwei Dorsolateralstreifen zurückgedrängt.

Auf dem Kopf ist ein feines braunes Punktmuster zu erkennen, und von der Schnauzenspitze laufen zwei feine braune Oberlippenbänder zu den Augen. Hinter den Augen beginnt ein dunkelbraunes Lateralband, das sich bis an den Hinterbeinansatz erstreckt. Auf der Bauchseite sind die Geckos hellbeige gefärbt. Die rötlichbraunen Gliedmaßen weisen eine helle Punktierung auf. Insgesamt präsentiert sich *Phelsuma klemmeri* sowohl im Habitus als auch in der Färbung als eine sehr ungewöhnliche Phelsume.

Verbreitung und Lebensraum: *Phelsuma klemmeri* bewohnt den Nordwesten von Madagaskar. Dort kommt sie recht selten am Rand von Wäldern und in Bambuswäldern vor. Der Lebensraum ist klimatisch durch den Wechsel von Regen- und Trockenzeiten gekennzeichnet.

Pflege im Terrarium: Wegen der geringen Größe von *Phelsuma klemmeri* lassen sich die Geckos auch in kleinen Terrarien pflegen. Eine dichte Bepflanzung mit rankenden Gewächsen wie Scindapsus bietet den Tieren Sichtschutz. Zwischen den Ranken sollten schrägstehende und senkrechte Bambusstäbe montiert werden. HENKEL und SCHMIDT (1992) empfehlen, die Bambusstäbe soweit aufzuschlitzen, daß die Geckos hineinkriechen können.

Phelsuma klemmeri benötigt lokale Temperaturen bis 35 °C, die sich durch den Einsatz eines Strahlers erreichen lassen. In den übrigen Bereichen reichen 25 °C Lufttemperatur aus. Nachts kann es bis auf Zimmertemperatur (20 °C) abkühlen. In unseren Sommermonaten sollte die Temperatur ein wenig gesenkt werden, gleichzeitig sollten zweimal täglich „Regenfälle" mittels eines Wasserzerstäubers oder mit einer automatischen Sprühanlage imitiert werden. In den Wintermonaten sind Feuchtigkeitswerte um 60% relativer Feuchte ausreichend. Eine gute Belüftung des Terrariums ist ebenso wichtig wie eine intensive Beleuchtung, da die Tiere erst dann ihre volle Farbenpracht entfalten.

Als Futter kommen aufgrund der geringen Größe von *Phelsuma klemmeri* nur kleine Insekten wie *Drosophila*, Dörrobstmotten, kleine Wachsmotten und junge Grillen in Betracht, gelegentlich auch ein wenig süßer Obstbrei. Nach HENKEL und SCHMIDT werden die Gelege um Innern von Bambusröhren abgesetzt. Leider werden die Nachzuchten zur Zeit noch zu astronomischen Preisen angeboten. Aber das ändert sich bekanntlich schnell, wenn erst genügend Nachzuchten vorhanden sind und der „Raritätenaufschlag" entfällt. Eine weitere Verbreitung dieses hübschen Taggeckos wäre auf jeden Fall wünschenswert.

Phelsuma laticauda

BOETTGER, 1880

Der Goldstaub-Taggecko   (Foto S. 45)

Der Goldstaub-Taggecko ist neben dem Madagaskar-Taggecko der bekannteste Vertreter seiner Gattung. Er empfiehlt sich auch dem Anfänger in der Taggecko-Pflege durch seine Anspruchslosigkeit. Bei guter Pflege bereitet die Nachzucht des Goldstaub-Taggeckos keine Probleme.

Beschreibung: Mit einer Größe von 13 cm gehört der Goldstaub-Taggecko zu den kleineren Arten. Er ist jedoch kräftig gebaut und besitzt einen kurzen, breiten Schwanz. Seine prächtige Färbung besteht im Grundton aus einem hellen Grün, das vor allem im Nacken und vorderen Rücken vom namengebenden „Goldstaub" überzogen ist. Charakteristisch sind die drei länglichen roten Flecken auf dem Rücken, die zum Schwanz hin auslaufen. Himmelblaue Augenumrandungen und zwei rote Bänder auf der Schnauze lassen den Gecko überaus bunt erscheinen. Färbungsunterschiede zwischen den Geschlechtern bestehen nicht. Die Weibchen können wir am schmaleren Kopf und Kalkeinlagerungen zu beiden Seiten des Kopfes erkennen. Die Männchen weisen eine dickere Schwanzwurzel und größere Schenkelporen auf. Die Bauchseite ist bei beiden Geschlechtern weiß.

Verbreitung und Lebensraum: *Phelsuma laticauda* kommen auf den Komoren, im Nordwesten von Madagaskar und auf Nosy Bé vor. Nach MEIER (1982 a) leben die Goldstaub-Taggeckos auf Madagaskar in den Hütten und in den Mischkulturen von Bananen und verschiedenen Baumar-

ten. Bevorzugter Lebensraum sind Bananenstauden. MEIER erwähnt einen Fundort nördlich von Ambilobe, den er mehrmals besuchte. Ihm fiel auf, daß dort der Bestand an *P. laticauda* abnimmt, während der große Madagaskar-Taggecko *(P. madagascariensis grandis)* immer häufiger auftritt.

Pflege im Terrarium: Goldstaub-Taggeckos lassen sich auch im kleineren Terrarien von etwa 60 cm in der Höhe und in der Breite pflegen. Die Geckos halten sich sehr gern an Bambusstäben und an Sansevierien auf. Die Temperaturen sollten bei 28 °C am Tag liegen, lokal dürfen sie für die wärmeliebenden Geckos bis auf 35 °C ansteigen. Eine hohe Luftfeuchtigkeit benötigen Goldstaub-Taggeckos nicht, es reicht aus, wenn wir das Terrarium einmal am Tag mit Wasser aussprühen. Wir füttern die Geckos mit Fliegen, Motten, Heimchen und anderen Insekten; Bananenbrei nehmen sie nicht gern an.

Verhalten und Zucht: Wegen der stark ausgeprägten Aggressivität der Goldstaub-Taggeckomännchen können wir nur ein Pärchen im Terrarium pflegen. Es ist zwar möglich, das Männchen mit mehreren Weibchen zusammenzusetzen, doch wird sich auch bei den Weibchen ein Tier als dominant herausstellen. Nur dieses Weibchen wird leuchtende Farben zeigen und dadurch für das Männchen als Partnerin interessant sein. Die „Nebenbuhlerinnen" werden sich im Terrarium nicht wohl fühlen, da sie dem dominanten Weibchen ausweichen müssen und so ständig im „Streß" leben. Auch die Vergesellschaftung mit anderen Geckos, zum Beispiel mit *Hemidactylus*-Arten, scheitert häufig an der Aggressivität der männlichen Gold-staub-Taggeckos.

Phelsuma laticauda paaren sich mehr-mals im Jahr und können nach meinen Erfahrungen bis zu fünf Gelege mit jeweils zwei Eiern produzieren. Das Weibchen setzt die beiden Eier an einer geeigneten Stelle, zum Beispiel in einer Blattachsel, ab und hält sie noch etwa eine Stunde mit den Hinterbeinen fest, bis sie ausgehärtet sind. Die Eier besitzen nun eine harte Kalkschale und sind recht gut gegen äuße-re Einflüsse geschützt. Das Weibchen kümmert sich nicht weiter um sein Gelege; es hat aber instinktiv einen warmen und trockenen Platz ausgesucht, an dem die Eier gut gedeihen können. Dennoch nehme ich die Eier in der Regel aus dem Terrarium heraus und zeitige sie künstlich im Brutschrank.

Aufzucht der Jungtiere: Bei einer gleich-bleibenden Temperatur von etwa 28 °C schlüpfen die Jungen nach 40 bis 45 Tagen. Wir können das Gelege aber auch ohne Brutschrank zeitigen, indem wir es in die Nähe einer Wärmequelle (Terrarienbe-leuchtung) stellen. Bei Temperaturen von 30 °C tagsüber und 20 °C in der Nacht schlüpfen die Jungtiere dann nach etwa 75 Tagen. Es ist immer wieder schön, das Schlüpfen eines Geckokindes zu beobach-ten. Bei meinen Goldstaub-Taggeckos hatte ich das Glück, gerade im richtigen Augenblick in den Brutschrank zu schau-en. Soeben bemühte sich ein winziger Gecko von knapp 4 cm Länge, die enge Eihülle zu verlassen. Dabei ließ er sich viel Zeit; offensichtlich war es eine anstren-gende Prozedur, und so konnte ich das kleine, graugrüne Tierchen in aller Ruhe

beim Schlupfvorgang fotografieren. Der kleine Kerl hatte das Ei in der Mitte aufge-sprengt und schaute schon mit dem gesam-ten Oberkörper heraus, wobei einige Eischalenstückchen seinen Rücken „schmückten". Ein entzückendes Bild! Sehr eilig hatte es das Geckokind aller-dings nicht, sein wenig komfortables Domizil zu verlassen. Zunächst blieb es fast bewegungslos eine ganze Stunde lang in dieser Stellung und stützte sich mit einem Vorderbein auf sein noch nicht geschlüpftes Geschwisterchen im benach-barten Ei auf. Schließlich arbeitet es sich völlig aus dem Ei heraus und blieb erschöpft daneben liegen. Als am nächsten Tag das zweite Geckokind schlüpfte, hatte sich das erstgeborene bereits gehäutet und strahlte in den schönsten Farben. Es zeigte schon die „Goldstaub"-Färbung auf Kopf und Rücken, eine leuchtend grüne Grund-farbe und himmelblaue Augenumrandun-gen. Lediglich die roten Zeichnungsmu-ster, die die erwachsenen Tiere vornehm-lich im hinteren Rückenbereich aufweisen, fehlten dem Junggecko noch.

Die Aufzucht der Jungtiere erfolgt in den bei *P. abbotti pulchra* beschriebenen Aufzuchtterrarien. Als Futter reiche ich ihnen anfangs kleine Fruchtfliegen und deren Maden, kleine Wachsmottenraupen und frischgeschlüpfte Heimchen. Die angebotenen Futtertiere bestäube ich regelmäßig mit Vitaminkalk (Osspulvit), damit die Jungtiere bei bester Kondition heranwachsen. Regelmäßige UV-Licht-Bestrahlungen mit der Osram-Vita-Lux, die ein- bis zweimal in der Woche für fünf bis zehn Minuten durchgeführt werden sollten, fördern die Gesundheit der Junggeckos. Nach zehn Wochen sind sie auf 6 cm herangewachsen; ihre Geschlechtsreife erreichen sie nach gut einem Jahr:

Phelsuma leiogaster

MERTENS, 1973 (Foto S. 45)

Beschreibung: *Phelsuma leiogaster* erreicht eine Größe von 13 cm. In der Färbung ist Phelsuma leiogaster sehr variabel: Auf grünem oder graubraunem Grund zeigen die Tiere eine verwaschene Zeichnung aus roten Flecken oder Streifen. Der braune oder braunschwarze Seitenstreifen zieht sich von der Schnauzenspitze bis zur Schwanzwurzel; der Bauch ist hell.

MEIER (1982 a) hält die unterschiedliche Färbung der Art für einen Geschlechtsdimorphismus, so daß es sich bei den grünen Tieren in der Regel um Männchen und bei den graubraunen um Weibchen handelt.

Verbreitung und Lebensraum: Das Verbreitungsgebiet von *Phelsuma leiogaster* liegt im trockenen Südwesten von Madagaskar. Bekanntester Fundort ist die Gegend um Tuléar, MEIER fand die Art aber auch bei Ambovombe und Fort-Dauphin. *P. leiogaster* lebt offenbar als Kulturfolger, da MEIER die Geckos an den Hauswänden eines Hotels in Tuléar beobachten konnte.

Pflege im Terrarium: *P. leiogaster* sollten wir im Terrarium ihrem Lebensraum entsprechend trocken halten. Eine Luftfeuchtigkeit von 50% relativer Feuchte im Durchschnitt ist ausreichend. Durch einmaliges tägliches Sprühen erhöhen wir die Luftfeuchtigkeit kurzzeitig und geben den Geckos Gelegenheit zu trinken. Bis auf den feuchten Bodengrund können wir das Terrarium so einrichten, wie ich es für *Phelsuma lineata chloroscelis* beschrieben habe. Die Beleuchtung sollte für diese sonnenliebenden Phelsumen hell sein, wir verwenden am besten zwei bis drei Tageslicht-Leuchtstoffröhren oder eine Hochdruckquecksilberdampflampe mit einer Leistungsaufnahme von 80 Watt. Die Temperaturen dürfen tagsüber lokal bis auf 35 °C ansteigen.

Für die Zucht der Geckos ist es empfehlenswert, die klimatischen Schwankungen in ihrem Lebensraum nachzuahmen. In Tuléar betragen die Jahresmitteltemperaturen im Sommer 27,4 °C, im Winter 19,9 °C. Mit einem Jahresniederschlag von 344 mm im Mittel regnet es nur ein Zehntel von den Spitzenwerten der regenreichen Ostküste. Im Winter sollten wir *P. leiogaster* daher ein wenig kühler und trocken halten, um sie zum Frühjahr mit steigenden Temperaturen und höherer Luftfeuchtigkeit in Fortpflanzungsstimmung zu bringen.

Phelsuma lineata lineata

GRAY, 1842

Streifen-Taggecko (Foto S. 45)

Beschreibung: Mit einer Größe von knapp 13 cm zählt der Streifen-Taggecko zu den kleineren Arten. *Phelsuma lineata lineata* zeigt auf ihrer dunkelgrünen Oberseite eine Anzahl von roten Punkten, vor allem auf dem Kopf und im hinteren Rücken bis zum Schwanzansatz. Der namengebende dunkelbraune Streifen trennt die grüne Oberseite von der hellen Unterseite. Von den Nasenlöchern zieht sich auf jeder Seite ein roter Oberlippenstreifen bis an die Augen. Die Gliedmaßen weisen oberseits in der Regel eine deutliche Fleckung in Grau oder Braun auf. Die Unterart *Phelsuma lineata chloroscelis* besitzt dagegen einfarbig grüne oder sehr fein marmorierte Gliedmaßen und statt der Punkte einen großen dunkelroten Fleck auf dem Rücken.

Insgesamt ist die Abgrenzung von *Phelsuma lineata chloroscelis* anhand optischer Merkmale schwierig, so daß zur sicheren Arterkennung mitunter Fundortangaben benötigt werden.

Verbreitung und Lebensraum: *Phelsuma lineata lineata* lebt im Nordosten von Madagaskar, in einem Gebiet von Maroantsetra bis Tamatave. MEIER (1982 a) berichtet auch von Exemplaren, die weit im Südosten gefunden wurden, zum Beispiel bei Fort-Dauphin.

P. l. lineata hält sich bevorzugt an verschiedenen Bäumen auf. Als Kulturfolger ist die Art auch an Häusern und Mauern zu finden.

Pflege im Terrarium: Der Streifen-Taggecko benötigt Terrarien ab einer Höhe von 80 cm. Als Einrichtung finden verschiedene Aststücke oder senkrecht montierte Bambusstäbe Verwendung. Für die Bepflanzung eignen sich dauerhafte Gewächse wie Yucca-Palmen und Sansevierien, die den Geckos zusätzliche Klettermöglichkeiten bieten. Der Bodengrund kann aus Hydrokultur mit eingesetzten Pflanzen bestehen. Einmal täglich sprühen wir das Terrarium mit Wasser ein, damit die Tiere die Tropfen von den Pflanzen ablecken können und die Luftfeuchtigkeit im gewünschten Bereich von 50 bis 70%

relativer Feuchte liegt. Die Lufttemperaturen sollten um 25 °C liegen, bei lokaler Erwärmung bis 30 °C.

Untereinander sind Streifen-Taggeckos wie die meisten Phelsumen unverträglich, so daß eine paarweise Haltung zu empfehlen ist. Die Männchen lassen sich an den großen Präanalporen und den Hemipenestaschen von den Weibchen unterscheiden. Die Gelege werden in Baumrindenhöhlungen oder in den Blattachseln von Yucca-Palmen abgesetzt. Im Laufe eines Jahres produziert *Phelsuma lineata lineata* fünf bis sechs Gelege mit zwei Eiern. Die Zeitigung der Eier und die Aufzucht der Jungen erfolgt in der Weise wie es bei *Phelsuma laticauda* und anderen Arten beschrieben worden ist.

Phelsuma lineata chloroscelis
MERTENS, 1962   (Foto S. 56)

Beschreibung: Mit einer Gesamtlänge von 15 cm handelt es sich bei *Phelsuma lineata chloroscelis* um den größten Vertreter der *P. lineata*-Gruppe. Die Unterart weist wie die Nominatform eine strahlend grüne Grundfarbe auf, zeigt aber statt der feinen roten Punktierung auf dem Rücken einen großen dunkelroten Flecken mit anschließender feiner roter Sprenkelung. Das dunkelbraune Flankenband zieht sich von den Achseln bis zum Hinterbeinansatz.

Phelsuma lineata chloroscelis besitzt einfarbig grüne oder fein marmorierte Gliedmaßen im Gegensatz zur Nominatform, die hier eine deutliche Fleckenzeichnung zeigt.

Als weitere Unterart wird *Phelsuma lineata dorsivittata* MERTENS, 1964 abgegrenzt. Diese Form wird nur 10 bis 11 cm groß und zeigt rote Punkte und Streifen auf dem dunkelgrünen Rücken. In der Achselregion befinden sich auffällige dunkelbraune Flecken.

Verbreitung und Lebensraum: *Phelsuma lineata chloroscelis* lebt im feuchten Ostmadagaskar im Gebiet von Perinet und Moramanga. Die Tiere halten sich bevorzugt an Bananenstauden auf. Um Perinet leben die größten Tiere mit den prächtigsten Farben, während die Exemplare von der Ostküste kleiner und weniger intensiv gefärbt sind.

Phelsuma lineata dorsivittata ist nur aus Joffreville bekannt, einer kleinen isolierten Bergregion. Das Klima in Joffreville ist nach MEIER (1982) erheblich feuchter und kühler als außerhalb dieser Lokalität, was sich auch in der Vegetation durch die Existenz verschiedener Farne bemerkbar macht.

Pflege im Terrarium: Für die Pflege von *Phelsuma lineata chloroscelis* eignen sich Terrarien mittlerer Größe, zum Beispiel in den Abmessungen von 60 cm in der Höhe und in der Breite. Die Lufttemperatur sollte tagsüber zwischen 25 und 30 °C liegen, nachts sollte es auf 15 bis 18 °C abkühlen. Da es die *P. l. chloroscelis* ein wenig feuchter lieben als die meisten anderen Arten, sprühen wir zweimal täglich, um eine Luftfeuchtigkeit von 60 bis 80% relativer Feuchte zu erhalten. Zusätzlich füllen wir einen Bodengrund aus Torfplatten ein, den wir feucht halten. Als Einrichtung können wir neben senkrecht festgestellten Bambusstäben verschiedene Pflanzen einsetzen, die den Geckos senkrechte und schräge Laufflächen bieten.

Die Streifen-Taggeckos fressen Insekten bis zur Fliegengröße, daneben nehmen sie gern überreife Bananen und Weintrauben sowie süße Säfte an.

Die Männchen von *Phelsuma lineata chloroscelis* sind untereinander aggressiv. Wir können die Geckos daher nur paarweise pflegen. Die Fortpflanzung wird mehrmals im Jahr vom Männchen eingeleitet. Ein balzendes Männchen nähert sich dem Weibchen mit angedeutetem Seitwärtsdrohen. Hat es der Partnerin seine Schönheit genügend demonstriert, nähert es sich ihr und klettert wiederholt über sie hinweg, bevor es sich mit ihr paart.

Das trächtige Weibchen legt bis zu sechsmal im Jahr je zwei Eier ab. Bei einer gleichmäßigen Temperatur von 28 °C schlüpfen die Jungtiere nach 40 bis 45 Tagen. Wir setzen die etwa 4 cm großen Jungen einzeln in die beschriebenen Aufzuchtbehälter und füttern sie mit kleinen Wachsmottenraupen, *Drosophila*, kleinen Heimchen und anderen Kleininsekten. Vor dem Verfüttern stäuben wir die Futtertiere mit Osspulvit ein. Regelmäßige UV-Bestrahlungen fördern das Wohlbefinden der Jungtiere.

Phelsuma madagascariensis madagascariensis
GRAY, 1831
Madagaskar-Taggecko   (Foto S. 46)

Beschreibung: Die Nominatform erreicht eine Größe von 24 cm. Die Tiere sind kräftig gebaut, der dreieckige Kopf ist deutlich vom Rumpf abgesetzt. Auffällige Farbcharakteristika dieser Art sind die häufige Blaufärbung der Schwanzunterseite bei den Männchen und eine gestrichelte Rotzeichnung entlang der Rückenmitte bei beiden Geschlechtern. Die Kehle ist hell und weist ein Muster aus dunklen Streifen und Flecken auf.

P. m. madagascariensis zeigt den auffälligsten und schnellsten Farbwechsel innerhalb der Madagascariensis-Gruppe: Leuchtend grün gefärbte Tiere können bei Erschrecken fast schlagartig verdunkeln. Ständig dunkel gefärbte Tiere sind krank oder fühlen sich in ihrer Terrarienumgebung nicht wohl.

Verbreitung und Lebensraum: Der Madagaskar-Taggecko bewohnt nach MEIER (1982 a) ein Gebiet entlang der Ostküste von Madagaskar zwischen Fénérive im Norden und Mananjari-Kianjavato im Süden. Obwohl die Art nicht häufig ist, machte MEIER die Beobachtung, daß die in einem Holzhaus aufgefundenen und weggefangenen Tiere von Tieren aus der Population im Umfeld schnell ersetzt wurden.

Pflege im Terrarium: Da *Phelsuma madagascariensis madagascariensis* das feuchte Ostmadagaskar bewohnt, pflegen wir sie bei einer erhöhten Luftfeuchtigkeit von 70 bis 80% relativer Feuchte. Die Temperatur der Luft sollte tagsüber um 28 °C liegen, nachts kann es auf etwa 20 °C abkühlen.

P. m. madagascariensis vermehren sich im Terrarium hauptsächlich in den Wintermonaten Dezember bis März. In diesen Monaten setzt das Weibchen alle 4 bis 6 Wochen ein Gelege ab. Danach ruht es aus. Wenn ein Weibchen nicht paarungswillig ist, sollten wir es vom Männchen trennen, da dieses dem Weibchen mit häufigen Paarungsversuchen zusetzt.

Bei Zeitigungstemperaturen von 28 °C schlüpfen die Jungtiere nach etwa 50 Tagen. Sie weisen eine Länge von 5,5 cm auf und sind sehr hübsch gefärbt. Auf olivgrünem Grund zeigen sie ein Muster aus roten Streifen und hellen Punkten.

Wir setzen die Jungen einzeln in kleine Aufzuchtbehälter und füttern sie mit Wachsmotten, Wachsmottenraupen, Heimchen und Bananenbrei. Regelmäßige Zugaben von Vitaminkalk (Osspulvit) und UV-Bestrahlungen sorgen für ein gesundes Wachstum der jungen Geckos. Nach drei Monaten sind sie auf eine Größe von 10 cm herangewachsen, ihre Geschlechtsreife erreichen sie im Alter von 15 Monaten.

Phelsuma madagascariensis boehmei
MEIER, 1982

Beschreibung: *Phelsuma madagascariensis boehmei* wurde 1982 von Harald Meier als eine neue Unterart von *Phelsuma madagascariensis* beschrieben. Die bis 22 cm großen Tiere unterscheiden sich von der Nominatform durch eine schwarze Zwischenschuppenhaut, die vor allem an den Flanken deutlich sichtbar wird, und eine intensivere Grünfärbung. MEIER (1982) weist darauf hin, daß die Blaufärbung der Körperoberseite, die bei der Nominatform häufig auftritt, bei dieser Unterart bisher nicht beobachtet worden ist. *Phelsuma madagascariensis boehmei* zeigt wie die Nominatform gekielte Schuppen auf dem Rücken, auf der Oberseite der Beine sowie auf der Oberseite des Schwanzes. Die Bauchschuppen sind glatt, die Schwanzunterseite besitzt in der Mitte eine Längsreihe querverbreiterter Subcaudalia.

Verbreitung und Lebensraum: *Phelsuma madagascariensis boehmei* kommt im feuchten Ostmadagaskar (Perinet, Ranomafana) vor. Die Tiere leben im Regenwald in der oberen Region hoher Bäume. Sie meiden offenbar menschliche Wohnsiedlungen, ganz im Gegensatz zur Nominatform.

Pflege im Terrarium: Für die baumlebenden Geckos eignen sich Terrarien ab einer Höhe von 80 cm. In hohen Terrarien können wir mit Yucca-Palmen und Astwerk oder Bambusstäben einen ansprechenden „Ersatzwald" schaffen. Ein üppiges Wachstum von rankenden Pflanzen auf der Rückwand erreichen wir, indem wir die Rückwand aus Torfplatten gestalten, die sich im trockenen Zustand schneiden und mit Silikon auf die Glasscheibe kleben lassen. Diese Rückwand speichert nach den täglichen künstlichen „Regenfällen" die Feuchtigkeit, was zu einer Dauerverdunstung mit erhöhter Luftfeuchtigkeit führt. Wünschenswert wären Luftfeuchtigkeitswerte von 70 bis 80% am Tag, bei Lufttemperaturen von 25 bis 28 °C. In den Monaten Juli und August sollten die Geckos bei reduzierten Tagestemperaturen und einer nächtlichen Abkühlung bis auf 15 °C gepflegt werden, entsprechend den klimatischen Verhältnissen in ihrem natürlichen Lebensraum.

Im Verhalten und in der Zucht unterscheiden sich die Tiere kaum von der Nominatform. Die Jungen schlüpfen nach HENKEL und SCHMIDT (1992) bei Zeitigungstemperaturen von 28 °C nach 48 bis 55 Tagen. Sie sind anfangs 6 cm groß und werden in der beschriebenen Weise aufgezogen.

Phelsuma madagascariensis grandis
GRAY, 1870   (Foto S. 46)
Großer Madagaskar-Taggecko

Phelsuma madagascariensis grandis ist zusammen mit *Phelsuma standingi* der Gigant unter den Taggeckos. Ausgewachsene Männchen können Größen bis zu 30 cm erreichen. Diese Größe macht den Madagaskar-Taggecko zu einem beliebten Tier für die freie Zimmerhaltung.

Beschreibung: Der Große Madagaskar-Taggecko hat wesentlich dazu beigetragen, daß Phelsumen in der Terraristik so begehrt sind. Die Geckos zeigen sich in einem leuchtenden Grün, das von scharlachroten Flecken oder Bändern durchsetzt ist. Von den Nasenlöchern zu den Augen verläuft auf jeder Seite ein roter Streifen. Auf dem Kopf befindet sich in der Regel ein rotes „V", manchmal erscheint es auch als geschlossenes Dreieck. Auf dem hinteren Rücken zeigen die Tiere große rote Flecken oder Bänder. Mitunter gibt es auch einfarbig grüne Tiere, die allerdings den roten Schnauzenstrich aufweisen. Selten treten Farbformen auf, die zwischen den roten Flecken blaue Farbtupfer besitzen. Der Bauch und die Kehle wirken hell. Die Geschlechter können wir an den häufig deutlich ausgeprägten Kalksäckchen der Weibchen erkennen. Daneben besitzen die Männchen einen breiteren Kopf und deutlich größere, nach hinten abstehende Schenkelporen.

Verbreitung und Lebensraum: *P. m. grandis* lebt im Norden von Madagaskar.

MEIER (1982 a) gibt eine Verbreitung von Diégo Suarez bis Antonibe an. In ihrem Lebensraum begegnet man den Tieren in den Mischkulturen von Bananen und verschiedenen Baumarten. An und in den Häusern der Einheimischen sind sie ebenfalls anzutreffen.

Pflege im Terrarium: Für die Pflege und Zucht des Großen Madagaskar-Taggeckos benötigen wir geräumige Terrarien mit den Mindestausmaßen von 80 · 50 · 50 cm. Die großzügigste Ausmessung wählen wir in der Höhe. Eine freie Zimmerhaltung des Taggeckos ist möglich. Sie geschieht am besten in einer in der Mitte des Raumes aufgestellten Pflanzengruppe. Der Abstand der Bepflanzung zu den Raumwänden sollte mindestens eineinhalb Meter betragen, damit die Geckos ihr Freizimmerterrarium nicht mit Hilfe der Wand verlassen können. Auf den Boden klettern sie nur ungern. Über der Pflanzengruppe installieren wir eine Hochdruckquecksilberdampflampe, die die Aufenthaltsplätze der Geckos auf etwa 30 °C erwärmen soll. Für die Bepflanzung wählen wir unter anderem Pflanzen mit großflächigen Blättern aus, einen Philodendron zum Beispiel, damit wir diese Flächen besprühen und die Geckos auf diese Weise mit Wasser versorgen können. Im übrigen kommen nur robuste Gewächse wie Palmen und Sansevierien in Frage; durch zusätzlich verankertes Astwerk und Bambusstäbe schaffen wir den Tieren weitere Klettermöglichkeiten.

Die Freizimmerhaltung funktioniert in der Regel nur mit zahmen Tieren, die uns aus der Hand fressen. So ist zumindest für den Anfang eine Terrarienhaltung empfehlenswert. Auf dem Speiseplan stehen Heimchen und Grillen, die Falter der großen Wachsmotte, deren Raupen und Bananenbrei. Als Tagesration für ein ausgewachsenes Tier sind etwa zwei Heimchen mittlerer Größe, drei Wachsraupen oder vier Wachsmotten anzusehen. Hin und wieder sollten die Geckos auf „Diät" gesetzt werden: Eine Freßpause von ein bis zwei Tagen verhindert, daß die Taggeckos fett und träge werden.

Verhalten und Zucht: Die Männchen des Großen Madagaskar-Taggeckos sind untereinander so aggressiv, daß wir sie nur einzeln bzw. mit einem Weibchen zusammen pflegen können. Kleinere Geckos werden mitunter totgebissen. Bei der Schönheit der Tiere sollte es uns jedoch nicht schwerfallen, auf weitere Terrarienbewohner zu verzichten.

Bei der Balz sind die Männchen der aktivere Teil. Sollte ein Männchen einmal nicht in „Form" sein, können wir es „in Stimmung" bringen, indem wir es einige Tage von seinem Weibchen trennen: Die Wiedersehensfreude bringt zumeist den gewünschten Erfolg. Nach dem Wiedereinsetzen des Weibchens in das Terrarium des vereinsamten Männchens dauert es häufig nur wenige Minuten, bis das stürmische Männchen den Paarungsakt vollzo-

Oben rechts: Phelsuma seippi.
Oben links: Phelsuma standingi.
Unten rechts: Phelsuma serraticauda.
Unten links: Phelsuma s. sundbergi.

gen hat. Die mit Seitwärtszucken des Kopfes und „glucksenden" Lauten vorgetragene Balz wird in diesem Fall auf ein Minimum reduziert.

Die Männchen verfahren bei der Paarung nicht gerade sanft mit ihren Weibchen. Bißverletzungen im Nacken des Weibchens gehören zum „guten Ton". Manchmal reißt der Gecko-Mann auch große Hautstücke aus dem Nacken oder den Flanken des weiblichen Tieres heraus. Derart vom „Liebesspiel" ramponierten Weibchen sollten wir eine Erholungspause in einem separaten Terrarium gönnen, damit sie ihre Wunden pflegen und sich in Ruhe auf die Eiablage vorbereiten können. Während der Dauer der Trächtigkeit brauchen die Weibchen viel Kalk. Wir sollten die Futtertiere vor dem Verfüttern mit Vitaminkalk (Osspulvit) bestäuben und auch sonst bei jeder Gelegenheit Kalzium zufüttern. Etwa 10 bis 14 Tage vor der Eiablage stellen die Weibchen die Nahrungsaufnahme ein. Sie suchen nach einem geeigneten Platz für die Eiablage, um ihre beiden hartschaligen, miteinander verklebten Eier zum Beispiel in Blatttrichtern oder Astgabeln abzusetzen.

Wenn sich die Eier entfernen lassen, sollten wir sie herausnehmen und künstlich zeitigen. Wir legen sie in ein kleines, belüftetes Plastikgefäß mit einem Stück Schaumstoff als Bodengrund. In den Schaumstoff haben wir zuvor Höhlungen für den Aufnahme der Eier hineingeschnitten. Wir müssen darauf achten, daß wir die Eier wieder in derselben Lage absetzen, wie wir sie vorgefunden haben.

Eine Befeuchtung des Eisubstrates ist nicht erforderlich, die Eier gedeihen bei normaler Zimmerluftfeuchtigkeit von 50 bis 60% relativer Feuchte. Wenn wir das Gelege im Brutschrank zeitigen, stellen sie ein offenes Gefäß mit Wasser dazu: Dadurch erreichen wir eine ausreichend hohe Luftfeuchtigkeit. Im Brutschrank schlüpfen die Jungtiere bei einer gleichmäßigen Temperatur von 28 °C nach 50 bis 60 Tagen. Ich bevorzuge eine Gelegezeitigung mit Tag-Nacht-Schwankungen, wobei die Temperaturen tagsüber um 30 °C und in der Nacht bei 20 °C liegen. So dauert es zwar bis zum Schlüpfen der Jungtiere länger (75 bis 90 Tage), die ausschlüpfenden Jungtiere sind aber häufig kräftiger als Brutschrank-Nachzuchten.

Aufzucht der Jungtiere: Die Aufzucht der etwa 65 mm großen Jungtiere erfolgt einzeln in Kleinterrarien oder in rechteckigen Plastikdosen mit eingearbeiteten Belüftungsflächen. Als Futter rechen wir den Junggeckos anfangs kleine Motten und Raupen, kleine Heimchen und Bananenbrei. Alles wird so oft wie möglich mit Osspulvit angereichert. Bei mangelnder Versorgung mit Mineralstoffen neigen die schnellwüchsigen Jungtiere zu rachitischen Erkrankungen: Die Tiere „brechen" dann im Alter von etwa einem halben Jahr

Großes Bild: Im „Tal der Riesenpalmen" Vallée de Mai auf der Seychelleninsel Praslin leben a. astriata und s. sundbergi. Oben rechts: Phelsuma s. sundbergi, Großer Seychellen-Taggecko. Unten links: Phelsuma sundbergi ladiguensis.

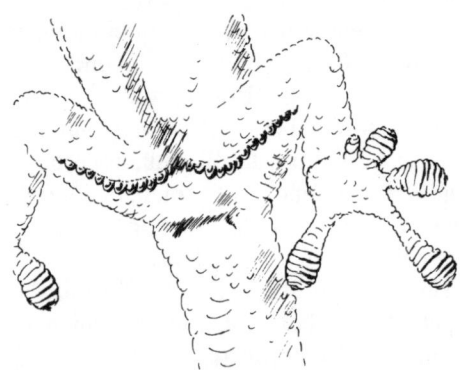

Analregion eines Männchens von Phelsuma m. grandis: Die Männchen weisen in der Regel größere, nach hinten abstehende Femoral-(Schenkel)Poren auf, die häufig farblich abgesetzt sind.

regelrecht zusammen, weil ihr Knochenaufbau mit dem schnellen Wachstum nicht Schritt halten konnte. Zur Vermeidung einer Rachitis sind hier neben der Mineralstoffzufuhr UV-Licht-Bestrahlungen mit dem Therapiestrahler Osram-Vita-Lux (300 Watt) einmal in der Woche für etwa zehn Minuten erforderlich.

Wenn wir uns bei der Aufzucht der Jungtiere des Großen Madagaskar-Taggeckos sorgfältig bemühen, wird uns der Erfolg nicht versagt bleiben. Und mit gesunden Aufzuchten, die ihrerseits wieder für Nachzucht sorgen werden, leisten wir unseren Beitrag zum Artenschutz.

Phelsuma madagascariensis kochi

MERTENS, 1954   (Foto S. 55)

Madagaskar-Taggecko-Unterart

Beschreibung: *Phelsuma madagascariensis kochi* gehört mit einer Länge von 20 bis

24 cm zu den größten Taggeckos. Die grüne Grundfarbe ist weniger leuchtend als bei *P. m. grandis*. Ferner weisen *P. m. kochi* gesprenkelte Beinoberseiten auf und besitzen meist nur kleine rote Flecken auf dem Rücken, die nicht die Farbintensität der *P. m. grandis*-Rotfärbung erreichen. Jungtiere zeigen sich mit einer ausgeprägten hellen Punktierung, die bei *P. m. grandis* weniger deutlich ist.

Verbreitung und Lebensraum: *Phelsuma madagascariensis kochi* lebt im Nordwesten von Madagaskar. MEIER (1982 a) gibt Maevatanana und Ambahabongo als südlichste Fundorte an sowie Antsohihy als nördlichen Fundort.

Pflege im Terrarium: Für diese große Art benötigen wir geräumige Terrarien mit einer Mindesthöhe von 80 cm. Bei Temperaturen um 30 °C und einer Luftfeuchtigkeit zwischen 50 und 60%, die wir durch einmaliges tägliches Sprühen kurzzeitig erhöhen, fühlen sich die Geckos wohl. Die Einrichtung des Terrariums besteht aus kräftigen Pflanzen wie Sansevierien, dickem Astwerk und Bambusstäben. Korkrindenröhren sind ebenfalls geeignet, da das Weibchen seine beiden Eier gern im Innern der Röhren ablegt. Bei Zeitigungstemperaturen von 28 °C schlüpfen die knapp 6 cm großen Jungtiere nach 50 bis 60 Tagen. Wir setzen sie dann einzeln in kleine Aufzuchtbehälter und ziehen sie in der beschriebenen Weise auf.

Phelsuma mutabilis

GRANDIDIER, 1869   (Foto S. 55)

Beschreibung: *Phelsuma mutabilis* zählt mit einer Länge von 13 cm zu den kleineren Arten. Für eine Phelsume ist sie eher unscheinbar gefärbt: Auf hellbraunem bis silbergrauem Grund zeigt sie dunkle Streifen und Flecken.

Verbreitung und Lebensraum: *Phelsuma mutabilis* lebt im Südwesten von Madagaskar. Die häufigste Verbreitung dieser Art findet sich nach MEIER (1982 a) in und um Tuléar. Tuléar liegt in einem sehr regenarmen Gebiet Madagaskars, das dementsprechend eine trockene Dornenbuschvegetation aufweist. Auf ein Leben in diesem trockenem Klima haben sich zwei Phelsumenarten besonders spezialisiert: *P. mutabilis* und *P. standingi. P. leiogaster*, die ebenfalls im Gebiet um Tuléar lebt, tritt dagegen auch noch an anderen Stellen auf.

Pflege im Terrarium: Für die Pflege von *Phelsuma mutabilis* sollten wir ein trockenes Terrarium einrichten. An Bepflanzung eignen sich die widerstandsfähigen Sansevierien, die wir am besten im Topf in den trockenen Bodengrund aus Sand oder Kies stellen. Mittels eines Punktstrahlers lassen wir die Temperatur tagsüber lokal bis auf 35 °C ansteigen. Wichtig ist eine ausreichende Beleuchtung, nur dann zeigt *P. mutabilis* eine ansprechende silbergraue Färbung. Wir sollten auch für ein kleines Terrarium drei oder vier Tageslicht-Leuchtstofflampen verwenden. Eine Hochdruckquecksilberdampflampe ist als Beleuchtung ebenfalls gut geeignet, da sie viel Licht und auch Wärme abgibt.

Als Futter reichen wir Fliegen, Motten, Heimchen und andere Insekten. Das Trinkbedürfnis der Geckos stillen wir durch ein kurzes Übersprühen der Terrarienpflanzen in den Morgenstunden; die Geckos lecken die Wassertropfen auf.

Phelsuma ornata ornata
GRAY, 1825   (Foto S. 55)

Beschreibung: *Phelsuma ornata ornata* ist eine kleine, farbenprächtige Art von 11 bis 12 cm Länge. Die blaue oder türkisgrüne Kopfoberseite wird von tiefroten Bändern durchzogen, die sich im kastanienbraunen Nacken verlieren. Auf dem türkisgrünen Rücken treten sie wieder deutlich hervor und umrahmen eine Anzahl roter Doppelpunkte, die die Rückenmitte schmücken. Die Bauchseite ist hellgelb bis weiß gefärbt.

Verbreitung und Lebensraum: *Phelsuma ornata ornata* ist eine der vier auf Mauritius lebenden Phelsumenarten. Die Art bewohnt die heißen und trockenen Gebiete der Insel und ist dort im Flachland an Bäumen und Sträuchern anzutreffen. Die Tiere sitzen gern an hohem Bambus und sonnen sich.

Pflege im Terrarium: Kleine Terrarien von etwa 60·60·40 cm Größe sind für die Pflege von *Phelsuma ornata ornata* gut geeignet. Wir richten sie als Trockenterrarien mit Bambusstäben und Sansevierien ein. Da die Geckos sich gern sonnen, sollten wir hier wie bei der vorgenannten Art *P. mutabilis* für eine starke Beleuchtung des Terrariums sorgen. Die Temperatur darf lokal bis zu 35 °C betragen. Die Geckos ernähren sich von kleinen Insekten, Süßigkeiten wie Bananenbrei oder Honig schätzen sie nicht so sehr. Einmal am Tag übersprühen wir die Bepflanzung, um den Tieren die Möglichkeit zu geben, ihren Durst zu löschen.

Bei Zeitigungstemperaturen von 28 °C schlüpfen die Jungtiere nach etwa 40 Tagen. Wir füttern die anfangs 3,5 cm kleinen Geckos mit *Drosophila*, kleinen Wachsmottenraupen und anderen Kleinstinsekten.

Phelsuma pusilla
MERTENS, 1964   (Foto S. 56)

Beschreibung: Bei *Phelsuma pusilla*, die früher als Unterart von *Phelsuma lineata* aufgefaßt wurde, handelt es sich um eine der kleinsten Phelsumenarten. Die Art erreicht nur eine Gesamtlänge von 9 cm. Auf der Oberseite sind die Tiere leuchtend grün gefärbt. Zwei parallel verlaufende rote Streifen aus unregelmäßigen länglichen Flecken schmücken den Rücken. Weitere rote Farbmuster befinden sich in Form von zwei kurzen Querbändern auf dem Kopf. Von den Nasenlöchern zu den Augen zieht sich auf jeder Seite ein rotbrauner Oberlippenstreifen. Das für die Angehörigen der *Phelsuma lineata*-Gruppe typische dunkle Lateralband ist deutlich ausgeprägt und verläuft von den Augen bis an den Schwanzansatz. Die weiße Unterseite setzt sich durch das dunkelbraune Lateralband scharf ab. Die Beine weisen eine graubraune Fleckung auf.

Phelsuma pusilla hallmanni wurde von MEIER (1989 b) als Unterart von *Phelsuma pusilla* beschrieben. Die Tiere unterscheiden sich von der Nominatform durch die auffällige Farbigkeit der Männchen und durch eine bisher nicht bekannte Goldgelbfärbung der Kopfoberseite und des vorderen Rückens. Die Weibchen sind oft düster schmutziggrün gezeichnet und

hellen erst bei ausreichender Sonneneinstrahlung auf. Umso farbiger wirken die Männchen, die in der Prachtfärbung eine intensive Blaufärbung der Schnauze und eine Türkisfärbung des Schwanzes aufweisen. Die Rotfärbung des Rückens ist sehr variabel und reicht von großen Tropfflecken bis zu feiner Sprenkelung. Wie bei der Nominatform sind die Rücken- und Bauchschuppen gekielt und der Schwanz stark gewirtelt.

Verbreitung und Lebensraum: *Phelsuma pusilla* lebt in den feuchten Waldgebieten an der Ostküste von Madagaskar einschließlich der Insel Ste. Marie. *Phelsuma pusilla hallmanni* ist bisher nur aus dem Gebiet um Perinet bekannt.

Phelsuma quadriocellata quadriocellata
PETERS, 1883
Augenfleck-Taggecko   (Foto S. 56)

Beschreibung: *P. q. quadriocellata* gehört mit einer Länge von 10 bis 11 cm zu den kleineren Arten. Sie ist eine hübsche Phelsume, die auf strahlend grünem Grund einen roten Strich auf dem vorderen Rücken zeigt, der von einer Vielzahl kleiner roter Flecken umgeben ist. Charakteristisch sind die hinter den Vorderbeinen liegenden schwarzen Achselflecken, die eine blaue Umrandung aufweisen. Sie gaben den Geckos die populäre Bezeichnung „Augenfleck-Taggecko".

Verbreitung und Lebensraum: *Phelsuma quadriocellata quadriocellata* leben im feuchten Ostmadagaskar. MEIER (1983) macht zum Fundort Perinet folgende klimatische Angaben: Perinet liegt im immergrünen Regenwald in einer Höhe zwischen 800 und 1000 m. An etwa 240 Tagen im Jahr gibt es Niederschläge, die ein Jahresmittel von 3000 mm ergeben. In den kühlen Monaten Juli und August ist es höchstens 23 °C warm, nachts kann es bis auf 10 °C abkühlen. Die heiße Jahreszeit mit Temperaturen zwischen 19 °C in der Nacht und über 30 °C am Tag liegt in unseren Wintermonaten. Der bevorzugte Lebensraum von *P. q. quadriocellata* sind Bananenstauden in der Nähe menschlicher Siedlungen.

Pflege im Terrarium: *Phelsuma quadriocellata quadriocellata* können wir wie die vorgenannte Art paarweise in kleineren Terrarien pflegen. Im Gegensatz zu *Phelsuma ornata vinsoni* benötigt der Augenfleck-Taggecko jedoch ein feuchtes Terrarium. Bei Temperaturen bis 30 °C sollte die Luftfeuchtigkeit zwischen 60 und 85% relativer Feuchte liegen. Durch eine dichte Bepflanzung und einen feuchten Bodengrund aus Torfplatten oder einem Laub-Erde-Gemisch schaffen wir günstige Voraussetzungen für eine andauernd hohe Luftfeuchtigkeit. Als Futter reichen wir den kleinen Geckos entsprechend kleine Insekten und Bananenbrei. Die Zucht gelingt am besten, wenn wir die Tiere nach einer Ruhepause mit niedrigeren Temperaturen durch steigende Temperatur und Luftfeuchtigkeit stimulieren.

Phelsuma robertmertensi

MEIER, 1981   (Foto S. 56)

Beschreibung: *Phelsuma robertmertensi* ist eine kleine Phelsume von 10 bis 11 cm Länge. Je nach Stimmung und Temperaturen zeigen die Tiere unterschiedliche Farbmuster. Frühmorgens, aber auch zu anderen Tageszeiten, sehen die Tiere bräunlichgrün aus. Über eine moosgrüne Färbung, zu der sich der Kopf, die Beine und die Flanken braun absetzen, können die Tiere sich zu ihrer Prachtfärbung steigern. Dann erstrahlen die Geckos auf dem Rücken in einem wunderbaren Hellblau bis Türkis, der Kopf ist nun hellgrün gefärbt, während die Beine und die Flanken deutlich aufhellen. Entlang der Rückenmitte verläuft in jedem Farbstadium ein mehrfach unterbrochener schmaler Steifen in Rot bis Orange.

Verbreitung und Lebensraum: MEIER (1981), der diese neue Art auf den Komoren entdeckte und beschrieb, verzichtete aus Gründen des Artenschutzes darauf, das eng umrissene Verbreitungsgebiet von *P. robertmertensi* bekanntzugeben. Als Lebensraum bevorzugt die Art Palmen und andere Bäume.

Pflege im Terrarium: *Phelsuma robertmertensi* stellt mittlere Ansprüche in bezug auf Wärme und Luftfeuchtigkeit. Bei Temperaturen bis zu 30 °C und einer relativen Luftfeuchtigkeit zwischen 60 und 70% fühlt sich diese Phelsume wohl. Aufgrund ihrer geringen Größe sind auch kleinere Terrarien für die Pflege eines Paares geeignet. Bei MEIER schlüpften Jungtiere, die eine Geburtsgröße von 19 bis 22 mm aufwiesen. Bis auf den rostroten Rückenstreifen und die arteigene Kopfzeichnung zeigten die Jungen auf der Oberseite und an den Seiten eine hellgraue Färbung mit hellgrünen Sprenkeln. Im Alter von drei Monaten hatten sie bei einer Länge von 28 bis 33 mm die Normalfärbung der Alttiere angenommen.

Phelsuma seippi
MEIER, 1987   (Foto S. 73)

Beschreibung: *Phelsuma seippi* ist eine Art, die erst 1987 von den Terrarianern HENKEL, SAMEIT und ZOBEL auf der madagassischen Insel Nosy-Bé entdeckt und von MEIER 1987 beschrieben wurde. Es handelt sich um mittelgroße Phelsumen, die eine Gesamtlänge von 14 cm erreichen können. Die grüne Oberseitenfärbung weist ein rotes bis rotbraunes Punktmuster auf, das sich auf dem gelbgrünen Schwanz zu einer braunen Strichelung auflöst. Ein roter Rückenstreifen ist nur andeutungsweise vorhanden oder fehlt. Insgesamt wirkt die Oberseite sehr feinschuppig. Die Beine zeigen sich auf grünem Grund braun marmoriert, die Bauchseite ist hellrosa gefärbt.

Auffällig sind neben dem spitz zulaufenden Kopf dunkelbraune Zügelstreifen, die sich von der Schnauzenspitze bis an die Ohröffnungen ziehen. Auf dem Kopf befindet sich in der Regel eine rote V-Zeichnung. Die helle Kehle weist meistens drei dunkle V-Zeichen auf.

Phelsuma seippi sieht *Phelsuma guttata* sehr ähnlich, unterscheidet sich von dieser aber dadurch, daß *Phelsuma guttata* keinen roten Rückenstreifen besitzt, weniger deutliche Zügelstreifen, eine gelbliche Kopfoberseite ohne ausgeprägte Rotzeichnung und einen längeren Schwanz.

Verbreitung und Lebensraum: *Phelsuma seippi* ist bisher nur von der Insel Nosy-Bé bekannt. Sie lebt dort in Wäldern und an deren Randzonen und zeichnet sich durch eine baumbewohnende Lebensweise aus. Offenbar benötigt *Phelsuma seippi* unzerstörte Waldgebiete, da sie in der Nähe von menschlichen Siedlungen nicht vorkommt.

Pflege im Terrarium: *Phelsuma seippi* pflegen wir in mittelgroßen Terrarien, die wir für diese baumlebende Art mit verschiedenen Ästen mit glatter Rinde ausstatten. Eine stark bepflanzte Rückwand mit Ficus oder Scindapsusranken biete den Geckos Rückzugmöglichkeiten. Der Bodengrund sollte aus feuchtem Torf oder feuchter Hydrokultur bestehen und mit trockenem Eichenlaub abgedeckt werden, da *Phelsuma seippi* nach HENKEL und SCHMIDT (1992) die Eier am Boden unter Laub versteckt.

Die benötigte Luftfeuchtigkeit von 70% relativer Feuchte am Tag und von 85% in der Nacht erreichen wir durch tägliches zweimaliges Überbrausen des Terrariums mit Wasser. Wer die Zeit für das manuelle Überbrausen nicht aufbringen kann, sollte hier auf den Einbau einer automatischen Sprühanlage zurückgreifen. Die Lufttemperaturen sollten 25 °C nicht übersteigen.

Bei Zeitigungstemperaturen um 28 °C schlüpfen die Jungtiere nach 45 bis 50 Tagen. Sie sind anfangs knapp 4 cm groß und werden in der bereits beschriebenen Weise einzeln in Kleinstterrarien aufgezogen.

Phelsuma serraticauda
MERTENS, 1963
Sägeschwanz-Taggecko   (Foto S. 73)

Beschreibung: *Phelsuma serraticauda* gehört mit einer Gesamtlänge von 13 cm zu den mittelgroßen Phelsumen. Die Art sieht *Phelsuma laticauda* ähnlich und ist wie diese grün bis gelbgrün gefärbt. Statt der Goldstaubsprenkelung zeigt *Phelsuma serraticauda* jedoch zwei orangefarbene Längsstreifen im Nacken, die blau unterlegt sein können. Als charakteristisches Merkmal fällt der sehr breite abgeflachte Sägeschwanz auf, der den Tieren auch ihren populären Namen eingetragen hat. An roten Zeichnungselementen zeigen die Geckos drei rote Querbänder auf dem Kopf sowie drei rote Längsbänder mit anschließender roter Sprenkelung vor dem Schwanzansatz. Die Kehle ist kräftig gelb gefärbt. Die Männchen werden größer als die Weibchen und wirken kräftiger. Zusätzlich lassen sie sich an den gut ausgeprägten Femoralporen eindeutig unterscheiden.

Verbreitung und Lebensraum: Der Sägeschwanz-Taggecko ist im Osten von Madagaskar beheimatet. Als Lebensraum bevorzugen die Tiere nach MEIER (1982 a) die Wipfel der Kokospalmen. *Phelsuma serraticauda* ist bisher nur von der Terra typica nördlich von Tamatave bekannt.

Pflege im Terrarium: *Phelsuma serraticauda* benötigt als Baumwipfelbewohner geräumige hohe Terrarien, die wir mit Bambusstäben und Yucca-Palmen einrichten. In großen Terrarien läßt sich ein Männchen mit mehreren Weibchen halten. Die Geckos sind recht streitsüchtig, so daß eine Vergesellschaftung mit anderen Phelsumenarten häufig nicht möglich ist. Auch bei den Weibchen gibt es eine Rangordnung. Zum Schutz schwächerer Tiere sollten daher genügend Versteckmöglichkeiten vorhanden sein.

Phelsuma serraticauda benötigt lokal Lufttemperaturen bis 33 °C, bei mäßigen Feuchtigkeitswerten von 50 bis 65%. Nachts kann es bis auf 20 °C abkühlen. Als Futter bevorzugen die Geckos verschiedene Insekten. In den Wintermonaten werden mehrere Gelege mit zwei zusammenhängenden Eiern in Blattachseln abgesetzt. Die Zeitigung der Gelege erfolgt in einem Brutkasten bei Temperaturen von 26 bis 28 °C und einer Luftfeuchtigkeit von 60 bis 75%. Die Jungtiere schlüpfen bei den genannten Bedingungen nach 55 bis 60 Tagen. Sie sind anfangs 4 cm groß und lassen sich einzeln in Kleinstterrarien aufziehen. Als Futter reichen wir *Drosophila*, kleine Wachsmottenraupen und frischgeschlüpfte Grillen und Heimchen. Die Futtertiere werden vor dem Verfüttern mit Osspulvit bestäubt. Weitere Aufzuchthinweise sind bei *Phelsuma laticauda* angeführt.

Phelsuma standingi
METHUEN & HEWITT, 1913   (Foto S. 73)

Beschreibung: Mit einer Gesamtlänge bis zu 28 cm ist *Phelsuma standingi* neben *Phelsuma madagascariensis grandis* die größte Art der Gattung *Phelsuma*. Mitunter wirken die Tiere sogar noch kräftiger als *P. m. grandis*, wenngleich ihr Kopf weniger deutlich vom Rumpf abgesetzt ist. *P. standingi* zeigen eine hellbraune bis silbergraue Färbung auf der Oberseite, die von einem dunkleren Netzwerk durchzeichnet ist. Der Kopf und vor allem der Schwanz kontrastieren bei ausgefärbten Tieren in einem hellen Türkisgrün. Bei unzureichender Beleuchtung des Terrariums zeigen die Geckos die zuletzt genannte Prachtfärbung in der Regel nicht.

Verbreitung und Lebensraum: Das Verbreitungsgebiet von *Phelsuma standingi* liegt im heißen und regenarmen Südwesten Madagaskars in der Provinz Tuléar. Die genaue Verbreitung ist unbekannt, da diese Art bisher nur in wenigen Exemplaren gefunden worden ist. Angaben zum Klima von Tuléar habe ich bei der Beschreibung der ebenfalls dort lebenden *Phelsuma lineata leiogaster* gemacht.

Pflege im Terrarium: Für die Pflege dieser großen Taggeckos benötigen wir Terrarien mit einer Mindesthöhe von 80 cm. Da es die *Phelsuma standingi* heiß und recht trocken lieben, richten wir das Terrarium dementsprechend mit Kies als Bodengrund und im Topf stehender Bepflanzung ein. Einige größere Aststücke mit möglichst glatter Rinde sorgen für zusätzliche Klettermöglichkeiten. Bei Temperaturen bis zu 35 °C fühlen sich die Geckos wohl. Als Futter reichen wir wie bei *P. m. grandis* größere Insekten und süßes Obst. Eine Zucht von *P. standingi* gelang zum Beispiel THOMSEN (1983). Er empfiehlt, die Jahresschwankungen des natürlichen Lebensraumes im Terrarium nachzuahmen. Im Winter hält er seine Tiere kühler und beleuchtet das Terrarium mit 11 Stunden am Tag um zwei Stunden weniger als im Sommer. THOMSEN weist auf die Bedeutung einer starken Beleuchtung hin; zusätzlich zur normalen Terrarienbeleuchtung bestrahlt er die Geckos täglich eine Stunde lang mit dem Therapiestrahler Osram-Ultra-Vita-Lux.

Bei Zeitigungstemperaturen von 28 °C schlüpften seine Jungtiere nach 57 bis 65 Tagen. Nach seiner Ansicht ist das Geschlecht durch die Zeitigungstemperatur beeinflußbar: Bei niedrigen Temperaturen schlüpften mehr weibliche Geckos, während es bei hohen Temperaturen umgekehrt war. Wie für alle Phelsumen gilt auch hier, daß die Eier trocken zu zeitigen sind.

Die in ihrem Jugendkleid mit türkisfarbener Querbänderung auf braunem Grund entzückend aussehenden Jungtiere benötigen eine sorgfältige Pflege. Bei Einzelhaltung und täglicher Zufütterung von Vitaminkalk sowie regelmäßiger UV-Bestrahlung wachsen die Jungtiere innerhalb von drei Monaten auf 15 cm heran. Da alle *P. standingi* in unseren Terrarien von einer kleinen Wildfang-Gruppe abstammen, dürfen wir davon ausgehen, daß sich der Bestand dieser seltenen Geckos durch die Bemühungen engagierter Züchter weltweit vergrößert hat.

Phelsuma sundbergi sundbergi
RENDAHL, 1939   (Foto S. 73)
Großer Seychellen-Taggecko

Beschreibung: Mit einer Gesamtlänge von über 20 cm zählt Phelsuma sundbergi sundbergi zu den großen Arten. Sie ist jedoch zierlicher gebaut als die großen Madagaskar-Taggeckos und wirkt vor allem durch den kleineren Kopf weniger wuchtig. Die Tiere zeigen je nach Stimmung verschiedene Grüntöne, wobei die Weibchen in der Regel ein helleres Grün aufweisen als die Männchen. Die Männ-

Rechte Seite: Phelsuma v-nigra.

chen können an den Flanken und am Unterkiefer bläulich gezeichnet sein, was wiederum stark von der Stimmung der Tiere abhängt. Der wenig gezeichnete Rücken von *P. s. sundbergi* ist von einer Streufärbung aus kleinen orangefarbenen Schuppen überzogen. Der Bauch zeigt sich von hellgrüner Farbe und kann, besonders bei den Weibchen, zum Schwanz hin in ein kräftiges Orangebraun übergehen.

Verbreitung und Lebensraum: *Phelsuma sundbergi sundbergi* kommt nach GARDNER (1985) auf den Seychelleninseln Chauve Souris, Curieuse, Denis, Marie-Louise, Platte, Poivre und Praslin vor. Sie halten sich bevorzugt im Küstenbereich auf, wo sie die Stämme von großen Kokospalmen bewohnen.

Pflege im Terrarium: *P. s. sundbergi* benötigen im Terrarium mittlere Wärme- und Feuchtigkeitswerte. Wir pflegen sie bei Lufttemperaturen um 30 °C und einer Luftfeuchtigkeit von 60 bis 70%. Die Einrichtung ist dieselbe wie bei den anderen großen Arten.

Oben links: Paarung von Phelsuma madagascariensis grandis.
Oben rechts: Die Geckopfote ist ein Wunder der Natur. Die Haftlamellen an den Unterseiten der Zehen ermöglichen den Geckos ihre erstaunliche Kletterkunst.
Unten: Taggeckos mit beschädigten oder regenerierten Schwänzen sind in der Natur häufig zu finden, hier Phelsuma abbotti pulchra.

Als Futter reichen wir Wachsmotten, Wachsmottenraupen, Heimchen und andere Insekten. Die Geckos bevorzugen trotz ihrer Größe kleinere Futtertiere. Bananenbrei gehört bei den Alten wie bei den Jungen zu einer gern genommenen Speise.

Die Zeitigung der Gelege ist stark temperaturabhängig. Bei einem Gelege, das ich bei Temperaturen zwischen 18 und 24 °C gezeitigt habe, dauert es 112 Tage bis zum Ausschlüpfen der Jungtiere. Bei 28 °C Dauerwärme im Brutschrank schlüpfen die Jungen nach 65 bis 70 Tagen. Die jungen Geckos sind anfangs 5,5 cm groß und zeigen auf ihrem grünen Rücken ein Muster aus roten Flecken, das sich später verliert.

Phelsuma sundbergi ladiguensis
BÖHME & MEIER, 1981
La Digue-Taggecko   (Foto S. 74)

Beschreibung: *P. sundbergi ladiguensis* ist von BÖHME und MEIER (1981) als besondere Inselform beschrieben und eigenständig benannt worden. Von dem nahestehenden Großen Seychellen-Taggecko *P. s. sundbergi* unterscheidet sich der La Digue-Taggecko in erster Linie durch eine geringere Größe. In der Färbung der Oberseite sehen sich die beiden Formen ähnlich: Sie zeigen einen grünen Rücken mit eingestreuten orangefarbenen Punkten oder Flecken, die aber nicht sehr deutlich sind. Charakteristisch für *P. s. ladiguensis* ist dagegen die gelbe Kehlfärbung und eine häufig intensiv blaue Flankenfärbung. Erschreckt oder bei Unwohlsein zeigen die Geckos ein düsteres Grün.

Verbreitung und Lebensraum: *Phelsuma sundbergi ladiguensis* sind nach GARDNER (1985) von den kleinen Seychelleninseln La Digue, Felicité, The Sisters, Coco und Marianne bekannt. Auf der Insel La Digue sind die Tiere nach eigenen Beobachtungen überall häufig. Adulte Geckos halten sich vorwiegend an großen Palmen auf, aber auch an Hauswänden und im Holzgebälk der Dächer. Auf La Digue lebt neben *P. s. ladiguensis* noch die kleinere *Phelsuma astriata astriata*.

Pflege im Terrarium: Da es sich bei *Phelsuma sundbergi ladiguensis* um eine mittelgroße Art handelt, sollte das Terrarium eine Mindestgröße von $90 \cdot 50 \cdot 50$ cm (Höhe · Tiefe · Breite) besitzen.

Als Einrichtung verwenden wir wieder Yucca-Palmen, Sansevierien und Bambusstäbe. Da es der La Digue-Taggecko ein wenig feuchter liebt, pflegen wir ihn in einem Terrarium mit feuchtem Bodengrund (Torfplatten). So erhalten wir tagsüber eine Luftfeuchtigkeit von etwa 70%. Eine lokale Erwärmung auf 30 °C wird von den Geckos gern aufgesucht.

Auf La Digue habe ich Jungtiere in allen Größen angetroffen, so daß sich die Art das ganze Jahr über fortzupflanzen scheint. Die Eier von *P. s. ladiguensis* sind nur 10–11 mm groß; aus ihnen schlüpfen nach einer Zeitigungsdauer von 80 bis 90 Tagen die anfangs 5 cm großen Jungtiere.

Phelsuma v-nigra v-nigra

BOETTGER, 1913   (Foto S. 83)

Beschreibung: Bei *Phelsuma v-nigra* handelt es sich um eine kleine Art von 10 bis 11 cm Länge. Nach neuerer Auffassung existieren neben der Nominatform drei Unterarten (vgl. MEIER, 1984 und 1986). Die Nominatform wird 10 cm groß und zeichnet sich durch eine leuchtende Grünfärbung mit einer roten Punktzeichnung aus, die in der Regel vom Nacken bis zum Schwanzansatz reicht. In der Prachtfärbung erscheinen die Tiere im Nacken, auf dem vorderen Rücken und auf dem Schwanz himmelblau. Zwei rote Querbänder auf dem Kopf sind mehr oder weniger deutlich vorhanden, während die hinter den Querbändern beginnende und bis an den hinteren Rücken reichende rote Linie mitunter nur schwach ausgebildet ist oder fehlen kann. Die Unterseite präsentiert sich in einem kräftigen Gelb.

Phelsuma v-nigra anjouanensis unterscheiden sich von der Nominatform durch ein feineres zusammengezogenes Punktmuster, das wie ein Netzwerk erscheint. Die Bauchseite sieht grauweiß bis grünlich-weiß aus. Die Kehle ist häufig heller gefärbt als der Bauch. Die Gesamtlänge beträgt wie bei der Nominatform 10 cm.

Die 10 cm große Unterart *Phelsuma v-nigra comoraegrandensis* zeichnet sich durch ein breites und dunkles Lateralband aus, das mit hellen Flecken durchsetzt ist und bis auf die Bauchunterseite reicht. Die Bauchseite ist heller gefärbt als bei der Nominatform, auf der Kehle befindet sich ein auffälliges V-Zeichen. Auf der Oberseite zeigt sich diese Form blaugrün, durch die rote Punktierung zieht sich eine angedeutete rote Mittellinie. Die Gliedmaßen sind deutlich dunkler gefärbt als bei der Nominatform.

Phelsuma v-nigra pasteuri erreicht eine Gesamtlänge von 11 cm. Diese Unterart wurde 1984 von MEIER beschrieben. MEIER (1986) weist darauf hin, daß die Nacken- und Rückenschuppen eine stärkere Kielung besitzen als bei den vorgenannten Formen. Außerdem sei die Zahl der Präanofemoralporen mit 20 bis 25 Stück geringer. Nach MEIER sind bisher keine Kreuzungen von *Phelsuma v-nigra pasteuri* mit den 3 anderen Formen gelungen, was als Hinweis auf eine entferntere Verwandtschaft angesehen werden kann.

Verbreitung und Lebensraum: Der Formenkreis von *Phelsuma v-nigra* ist auf den Komoren beheimatet. In reiner Form lebt *Phelsuma v-nigra v-nigra* nur auf der Insel Mohéli. *Phelsuma v-nigra comoraegrandensis* ist nur von einer kleinräumigen Terra typica auf Grande Comore bekannt. Auf dem übrigen Teil von Grande Comore hat sich nach MEIER (1986) eine Mischform mit der Nominatform gebildet. *Phelsuma v-nigra anjouanensis* legt endemisch auf der Komoren-Insel Anjouan. Allen Formen gemeinsam ist die Vorliebe für eine üppige Vegetation mit Gebüsch und kleinen Bäumen.

Auf den kleinen gebirgigen Komoreninseln herrscht ein feuchtwarmes Tropenklima. In den heißesten Monaten Januar bis März liegen die Temperaturen zwischen 25 bis 34 °C. In den kühleren „Wintermonaten" sinken die nächtlichen Temperaturen auf 15 °C, während es sich am Tag bis auf 24 °C erwärmt.

Literatur

BÖHME, W. und H. MEIER (1981): Eine neue Form der madagascariensis-Gruppe der Gattung *Phelsuma* von den Seychellen. Salamandra 17, (1/2), 12–19.

BOSCH, H. (1991). Erkrankungen von: Leguanen, Vorbeugung und Behandlung. In: Bosch, H. und H. Werning: Leguane. Herpetologischer Fachverlag Heselhaus + Schmidt, Münster.

EGGERS, G. (1985): Naturschutz – Artenschutz. Die Aquarien- und Terrarienzeitschrift 6, 267–269.

FRIEDERICH, U. und W. VOLLAND (1981): Futtertierzucht. Verlag Eugen Ulmer, Stuttgart.

GARDNER, A. S. (1985): An Identification Key To The Geckos Of The Seychelles, With Brief Notes On Their Distributions And Habits. Herpetological Journal Vol. 1, pp. 17–19.

HALLMANN, G. (1984): Der Andamanen Taggecko. Herpetofauna 33, 11. (1993): – Die bisher bekannten und beschriebenen Taggeckoarten und -unterarten der Geckonidengattung *Phelsuma* GRAY, 1825 (mit Verbreitungskarten. Eigendruck, 4 Seiten).

HESELHAUS, R. (1980): Phelsumen im Terrarium: Herpetofauna (4), 9–10.

– (1981): Zum Aggressions- und Paarungsverhalten einiger Phelsumen. Das Aquarium (7), 369–373.

– (1983): Fortpflanzung und Aufzucht des Goldstaub-Taggeckos, *Phelsuma laticauda*. Die Aquarien-und Terrarienzeitschrift 36, (2), 71–74.

– (1985): Durch Nachzucht erhalten: Madagaskar-Taggeckos (*Phelsuma madagascariensis* und ihre Unterarten). Aquarienmagazin 19, (12), 524–527.

– (1985): Fortpflanzung und Aufzucht von *Phelsuma abbotti pulchra*. Das Aquarium (3), 146–149.

– (1987): Im Tal der Riesenpalmen und Riesengeckos. Die Aquarien- und Terrarienzeitschrift 40, (11), 513–515.

– (1988): Taggeckos. Das Aquarien-Magazin (3), 33–37.

– (1988): Pfeilgiftfrösche. Verlag Eugen Ulmer, Stuttgart.

– (1991): Immer an der Wand entlang: Taggeckos. Das Tier (5), 52–55.

– (1992): Tropische Laubfrösche. Verlag Eugen Ulmer, Stuttgart.

HOESCH, U. (1982): Herpetologische Beobachtungen auf den Seychellen. Herpetofauna 17, 31–33.

HENKEL, F. W. und W. SCHMIDT (1991): Geckos. Verlag Eugen Ulmer, Stuttgart.

KRAUSE, H.-J. (1985): Hält die True-Lite, was sich der Aquarianer von ihr verspricht? Das Aquarium 4, 210–211.

LEHR, B. (1992): Beobachtungen im Lebensraum von *Phelsuma borbonica borbonica* MERTENS, 1966. SAURIA 14, (4), 21–24.

MEIER, H. (1981): *Phelsuma robertmertensi*, ein neuer Taggecko. Herpetofauna 11, 6–8.

– (1982 a): Ergebnisse zur Taxonomie und Ökologie einiger Arten und Unterarten der Gattung *Phelsuma* auf Madagaskar, gesammelt in den Jahren 1972 bis 1981, mit Beschreibung einer neuen Form. Salamandra 18, (3/4), 168–190.

– (1982 b): Zur Taxonomie und Ökologie der Gattung *Phelsuma* auf den Seychellen, mit Nachträgen zu dieser Gattung auf den Komoren. Salamandra 18, (1/2), 49–55.

– (1983): Neue Ergebnisse über *Phelsuma lineata pusilla* MERTENS 1964, *Phelsuma bimaculata* KAUDERN, 1922 und *Phelsuma quadriocellata* (PETERS 1883), mit Beschreibung von zwei neuen Unterarten. Salamandra 19, (3), 108–122.

– (1984): Zwei neue Formen der Gattung *Phelsuma* von den Komoren. Salamandra 20, (1), 32–38.

– (1986): Der Formenkreis von *Phelsuma v-nigra* (BOETTGER, 1913) auf den Komoren: Beschreibung von zwei neuen Unterarten. Salamandra 22, (1), 11–20.

– (1987): Vorläufige Beschreibung einer neuen Art der Gattung *Phelsuma* von Madagaskar. Salamandra 23, (4), 204–211.

– (1989 a): Zur Faunistik madagassischer Taggeckos der Gattung *Phelsuma* östlich von Fianarantsoa, bei Tamatave und auf der Insel Ste. Marie. Salamandra 25, (3/4), 224–229.

– (1989 b): Eine neue Form aus der lineata-Gruppe der Gattung *Phelsuma* auf Madagaskar. Salamandra 25, (3/4), 230–236.

– (1990): Ein problematischer Gecko im Indischen Ozean: *Phelsuma borbonica agalegae*. Herpetofauna 12, (69), 22–26.

MEIER, H. und W. BÖHME (1991): Zur Arealkunde von *Phelsuma madagascariensis* (GRAY, 1831) anhand der Museumssammlungen A. Koenig und Senckenberg, mit Bemerkungen zur Variabilität von *P. m. kochi* MERTENS, 1954. Salamandra 27, (3), 143–151.

MERTENS, R. (1966): Die nichtmadagassischen Arten und Unterarten der Geckonengattung *Phelsuma*. Senck. biol. 47, 85–100.

NIJHUIS, F. (1979): Phelsumen, kleine Naturwunder. Das Aquarium 126, 577–581.

NIETZKE, G. (1984): Fortpflanzung und Zucht der Terrarientiere. Landbuch-Verlag, Hannover.

OOSTVEEN, H. (1981): Phelsumas. Publiziert von der Herpetologischen Station „De Natuurvriend", Utrecht, Niederlande.

OSADNIK, G. (1987): Untersuchungen zur Reproduktionsbiologie des madagassischen Taggeckos *Phelsuma dubia* (BOETTGER, 1881). Diss. Universität Bochum, Bd. II.

RÖSLER, H. (1988): Über das „Eifressen" im Terrarium bei Arten der Gattung *Phelsuma* GRAY 1825. Salamandra 24, (1), 20–26.

SEIPP, R. (1991): Eine neue Art der Gattung *Phelsuma*, GRAY 1825, von Madagaskar. Senck. biol. 71, 1/3, 11–14.

SCHMIDT, K. P. und R. F. INGER (1969): Knaurs Tierreich in Farben: Reptilien. Deutsche Bearbeitung H. Wermuth. Droemer/Knaur, München/Zürich.

THOMSEN, J. (1983): Der große madagassische Taggecko *Phelsuma standingi*. Herpetofauna 25, 16–20.

TRAUTMANN, G. (1992): *Phelsuma guimbeaui* MERTENS. SAURIA, Suppl. 14, (1–4), 255–256.

VERGNER, J. (1990): Beobachtungen bei der Vermehrung von Phelsumen im Terrarium. Herpetofauna 12, (65), 25–34.

WARECKA, W. (1981): Mauritius. Die Aquarien- und Terrarienzeitschrift 4, 134–139.

WERMUTH, H. (1965): Liste der rezenten Amphibien und Reptilien: Gekkonidae, Pygopodidae, Xantusiidae. In: Das Tierreich. Berlin, Lfg. 80, 1–246.

ZIMMERMANN, E. (1983): Das Züchten von Terrarientieren. Kosmos-Verlag, Stuttgart.

ZOBEL, R. (1986): *Phelsuma flavigularis*, der Gelbkehlige Taggecko. Die Aquarien- und Terrarienzeitschrift, 39, 279.

Bildnachweis

Fotos: Seite 17 unten Gerhard Hallmann, Dortmund; alle übrigen Fotos Ralf Heselhaus, Münster.
Zeichnung nach Vorlagen des Autors von Siegfried Lokau
Karten von Willdrun Krämer, Stuttgart-Birkach

Register

Seitenziffern mit * verweisen auf Abbildungen

Aldabra-Taggecko 17*, 23, 43
Andamanen-Taggecko 49
Artenschutz 16
Augenfleck-Taggecko 56*, 78

Biologie 9 ff.
Biotop 23 ff.
Blauschwanz-Taggecko 58
Bundesartenschutzverordnung 16

Chloramphenicol 39
Cites 16 ff.

Dörrobstmotte 35
Drosophila 33

Eiablageplatz 25
Ernährung 37

Fadenwürmer 38
Femoralporen 76
Futtertierzuchten 33

Gelbkehl-Taggecko 28*, 60
Goldstaub-Taggecko 65
Grillen 34
Großer Madagaskar-Taggecko 46*, 71
Großer Seychellen-Taggecko 73*, 74*, 82
Guimbeaus Taggecko 61

Haftzehen 11
Heimchen 34

Immunsystem 38

Kalziummangel 37
Kleiner Seychellen-Taggecko 23, 49
Klimaansprüche 42
Knochenstoffwechselstörungen 37
Kommentkampf 13
Krankheiten 37
Kurzkopf-Taggecko 54

La Digue-Taggecko 85
Lebensraum 20 ff.
Licht 31
Luftfeuchtigkeit 31

Madagaskar-Taggecko 69
Medikamente 38 ff.
Mehlwürmer 37
Milben 38
Mißbildungen 37

Nematoden 38

Osspulvit 34

Parasiten 38, 40
Phelsuma 17*, 20, 40f
– *abbotti abbotti* 23, 43
– – *pulchra* 17*, 44
– *andamensis* 49
– *astriata astriata* 17*, 23, 49
– *barbouri* 18*, 51
– *borbonica borbonica* 52
– *borbonica agalegae* 53
– *breviceps* 17*, 54
– *cepediana* 27*, 28*, 58

– *dubia* 60
– *flavigularis* 28*, 60
– *guimbeaui* 27*, 61
– *guttata* 28*, 63
– *klemmeri* 45*, 63
– *laticauda* 45*, 65
– *leiogaster* 45*, 67
– *lineata lineata* 45*, 67
– – *chloroscelis* 46*, 68
– *madagascariensis madagascariensis*
  46*, 69
– – *grandis* 46*, 71, 84*
– – *kochi* 55*, 76
– *mutabilis* 55*, 76
– *ornata ornata* 55*, 77
– *pusilla* 56*, 78
– *quadriocellata quadriocellata* 56*, 78
– *robertmertensi* 56*, 79
– *seippi* 73*, 80
– *serraticauda* 73*, 80
– *standingi* 73*, 81
– *sundbergi sundbergi* 73*, 74*, 82
– – *ladiguensis* 74*, 85
– *v-nigra v-nigra* 83*, 86

Rachitis 37
Revierverhalten 13

Sägeschwanz-Taggecko 80
Schenkelporen 76
Seychellen 20
Seychellen-Taggecko 44
Streifen-Taggecko 67, 67*
Systematik 9

Terrarien 29
Terrarieneinrichtung 30ff.
Therapiebestrahlung 38

UV-Licht 32

Verbreitung 20 ff.
Vergesellschaftung 15
Vorzugsbiotope 42

Wachsmotten 35

Zuchtansatz 36